ACADEMIE D'ALGER

MORTS POUR LA FRANCE

1914
1918

MORTS
pour
LA FRANCE

ACADÉMIE D'ALGER

MORTS

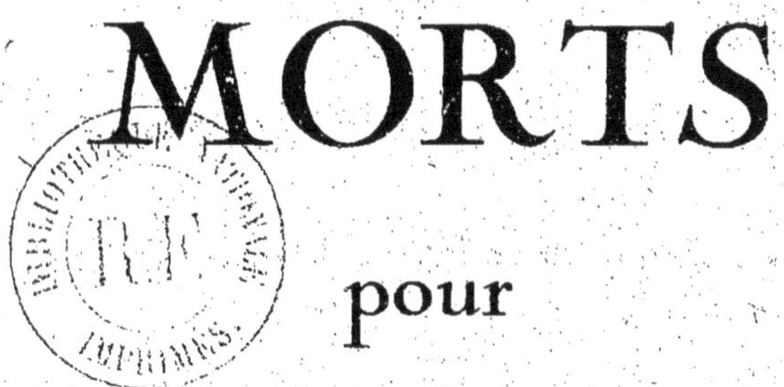

pour

LA FRANCE

Ce sont nos œuvres qui nous survivent et c'est nous qui survivons dans nos œuvres. Celui qui n'a rien fait, rien donné, meurt tout entier. Nous ne serons pas de ceux-là.

ROGER ETIENNE,
Elève de l'Ecole Normale Supérieure
de Saint-Cloud
Mort à l'ennemi le 9 Mai 1915

ALGER
ANCIENNE MAISON BASTIDE-JOURDAN
JULES CARBONEL
IMPRIMEUR-LIBRAIRE DE L'ACADÉMIE

1922

LES MORTS DE LA GUERRE

Lettre de M. Félicien G., instituteur

Florina, 9 heures.

« Chers parents,

« Je pars à l'attaque à 10 heures. Nous sommes première vague d'assaut.

« Si je tombe, j'emporte, avec le regret de ne pas vous avoir vus depuis longtemps, l'assurance que vous pardonnerez à toutes les peccadilles qui ont pu vous peiner.

« La vie d'un homme n'est rien dans cette grande boucherie où nous luttons pour le Droit et je donne ma part de soleil pour la France et pour l'honneur de notre nom.

« La France doit être immortelle et je suis Français.

« Adieu, parents chéris et recevez mes pensées les plus affectueuses et mes baisers les meilleurs.

« A tous les parents, mon bon souvenir. A maman mes plus doux baisers. Pour Victor, Honoré, Jo, mes sentiments fraternels. On nous appelle.

« Adieu ! »

FÉLICIEN ».

Lettre de M. C., instituteur, à ses élèves

—

26 décembre 1914.

....

« .....Je fais ici mon devoir de Français en combattant. Faites aussi le vôtre, enfants, en faisant tout votre possible pour former votre cœur et votre caractère à l'image des meilleurs de vos défenseurs, ...Je compte sur vous comme vous pouvez compter sur nous et je vous embrasse bien affectueusement ».

Lettre de M. B., élève-maître, à sa mère

—

« Ne me parle plus de souffrance et de misère : je sais bien, moi, ce qu'on endure, et je t'assure qu'en aucun cas, cela ne dépasse les forces d'un homme. Ceux qui se plaignent et pleurent sont des lâches ou des ignorants qui ne savent pas la prodigieuse répercussion de leur petite souffrance sur l'avenir du monde. Tout cela n'est pas du laïus de journaliste, va ! C'est la vérité simple et trop naturelle. »

Lettre de M. G., élève-maître, à son père

Le 4 juillet 1915.

« Père chéri,

« Tu vas être étonné en recevant cette lettre de trouver sur l'enveloppe la mention : personnelle. En voici la raison. Hier, à 10 heures et demie, nous étions réunis pour le rapport lorsque tout à coup le capitaine est arrivé, une feuille à la main. A brûle-pourpoint, il dit : « Que ceux qui désirent partir immédiatement sur le front, après examen, sortent des rangs et viennent derrière moi ». Aucun de nous ne s'attendait à une pareille question, mais instinctivement, tout d'un coup, je me suis porté derrière le capitaine avec d'autres camarades. Nous sommes cinq Algériens dans la chambrée et j'eus la joie de les revoir à mes côtés. La moitié des élèves resta de l'autre côté ; le capitaine prit d'abord le total des présents et l'état nominatif des élèves voulant partir.

« En rentrant dans la chambrée, ceux qui étaient restés invoquèrent des raisons personnelles, disant, l'un qu'il avait promis à sa mère de ne pas partir avant son tour, l'autre que c'était parce que sa mère était malade. Tu vas dire, père, que je suis ingrat, mais étant soldat et désirant être chef, il faut que je mette la Patrie avant la famille. Je crois n'avoir fait que mon devoir en demandant à partir, car si je suis élève-aspirant, ce n'est pas pour la gloriole de porter les galons ; j'aurais le temps d'y penser après, mais c'est pour aller combattre. Que ce soit aujourd'hui ou demain, de toutes les façons il fallait que je parte, car chaque jour on nous répète que nous étions de futurs aspirants pour le front et non pour les casernes. Je ne sais ce qu'il va arriver, mais, de toutes les façons, on m'accordera quelques jours de permission pour venir vous embrasser tous. Maintenant, que je sois aspirant ou simple soldat, ayant demandé à partir, je partirai et j'espère bien gagner sur le front les galons que je n'aurai pas pu obtenir à la caserne.

« Voilà pourquoi, cher père, je t'écris personnellement ; tu en comprends la raison ; je t'embrasse bien affectueusement.

« Ton fils,

« Marcel. »

*
* *

« *30 avril 1917.*

« Enfin, cher père, quoi qu'il arrive, car il faut tout prévoir, sache que ton fils n'a jamais eu peur de faire son devoir et que c'est tout simplement qu'il aura donné son sang pour la Patrie. Je termine vite, car je ne veux pas vous faire de peine et je veux aussi ne pas m'attendrir. Confiance toujours, confiance encore ! »

Lettre de M. B., professeur, à son proviseur (1)

« *14 mars 1915.*

« J'attache à l'honneur qui vient de m'être fait un prix inestimable, et je ne crois pas avoir assez fait pour le mériter. Il me crée des obligations, pour toute la vie. Qu'elle est belle, si vous saviez, cette croix que le Colonel a épinglée tout à l'heure sur ma vieille vareuse toute trouée ; je ne peux la regarder sans avoir la gorge serrée, et je ne peux pas croire qu'elle est assez gagnée. Je suis encore rudement valide ; avec tous mes mitrailleurs, je n'ai jamais eu plus de forces, plus d'entrain, et cette croix, je voudrais la gagner dix fois encore dans une poursuite triomphante de l'ennemi.

Lettre de M. Abdelkader... à son père

Le 7 mai 1915.

Mon cher père,

« Demain, j'irai à l'attaque. Une attaque d'où sortira la délivrance. Si je venais à être tué, console-toi, c'est pour la France. Tu as donné à la France un défenseur fidèle. J'aurai la satisfaction d'avoir accompli mon devoir. »

« Votre fils bien affectueux,

« ABDELKADER. »

(1) *M. B...., venait d'être nommé chevalier de la Légion d'honneur.*

Lettre de M. G., instituteur

....

A ses parents, 24 février 1916.

« ...Malgré cela, je pars allègre et content, le cœur léger, plein d'espérance. C'est en face du vrai devoir cette fois que l'on va se trouver, du grand devoir, et je remercie le sort qui m'a permis cela... « Votre fils heureux qui vous aime ».

Aux mêmes, sa lettre d'adieu *(16 avril 1917)*, veille de sa mort:

« ...Mes parents chéris, mon petit frère aimé, n'en voulez pas, non n'en voulez pas, je vous en prie, à cette guerre qui m'aura tué, non, car elle est sainte et sublime, cette croisade moderne de la Liberté. Mourir pour la France et la Liberté n'est pas une mort qui veut des pleurs ».

Lettre de M. P., instituteur, à sa femme

« Le 18 mai 1915.

« Quand tu liras ces lignes, amie, je ne serai plus. J'ai du courage pour mourir. Je te demande d'en avoir pour vivre. Depuis longtemps, le sacrifice de ma vie est fait et il me coûte peu maintenant, car je crois à la victoire ; je serais mort si désespéré pendant la retraite de Belgique... mais, lorsque la savante manœuvre de notre Etat-Major eut sauvé la France, lorsque je compris que nous les tenions, je me suis écrié : « Cela m'est égal de mourir ». Tu pourras le dire à nos enfants ; ils ont le droit d'être fiers de leur père. »

ADMINISTRATION

ACADÉMIQUE

MALTRE, Paul-Henri-Marie, Commis de l'Académie d'Alger, classe 1905.

Sous-lieutenant au 11e Escadron du Train des Equipages, Commandant la Section T M R 962.

Décédé le 20 *décembre* 1918.

Compris dans la citation collective à l'ordre de la D. E. S. de la 7e Armée (18 mars 1916) :

« Les officiers et hommes de troupe du groupe automobile d'Heursel qui, le 24 juin 1915, grâce à leur sang-froid et à leur calme ont permis de sauver sans aucun dégât un convoi de 80 camions transportant des troupes, qui était pris sous un violent bombardement. »

REVEL, Félix-Pierre, garçon de bureau au Rectorat, classe 1915. Soldat au 4e mixte de Zouaves-Tirailleurs.

Disparu (présumé tué) le 16 *décembre* 1916, au Sud-Est de Loupement (Meuse).

ENSEIGNEMENT

SUPÉRIEUR

PROFESSEURS

LARCHER, Emile, *Professeur à la Faculté de Droit* (*classe* 1887). Capitaine de réserve au 6e Groupe d'Artillerie à pied d'Afrique.

Décédé le 3 janvier 1918.

PISSARD, Hippolyte, *Agrégé à la Faculté de Droit.*

Ordre du Régiment — 29 décembre 1915 :

« Blessé au combat du Quesnoy-en-Santerre, est revenu au front aussitôt guéri. Commande depuis son retour un peloton de mitrailleurs avec intelligence et dévouement. A fait preuve d'un réel courage et d'un remarquable esprit d'organisation dans les différentes missions qui lui ont été confiées ».

Ordre de l'Armée — 25 juillet 1916 :

« Officier de la plus belle intelligence, ayant au plus haut point le sentiment du devoir. Tombé glorieusement en avant de ses hommes en enlevant une position ennemie fortement organisée ».

RABIOULE, *Aide-astronome à l'Observatoire de Bouzaréa (Alger)*.

Lieutenant au 108e d'Infanterie.

Tué à l'ennemi le 21 *septembre* 1914.

TOURBEZ, Paul-Joseph, *Préparateur à la Faculté de Médecine*, classe 1901, adjudant au 8e Régiment d'Infanterie.

Cité à l'Ordre du jour de la Brigade en janvier et février 1915.

A été cité à l'Ordre de l'Armée avec ce motif :

« Etait à la tête de sa section et est tombé grièvement blessé en s'écriant : « En avant ! En avant ! Vive la France. »

(Combat du 27 février 1915).

Médaille militaire à titre posthume : « Brave sous-officier. Mort pour la France le 28 février 1915 des suites de ses glorieuses blessures. Croix de guerre avec étoile de bronze. »

TOURNYOL DU CLOS, Henri, *Professeur agrégé à la Faculté de Droit* (classe 1902).

Caporal au 132e Régiment d'Infanterie.

Disparu.

ÉTUDIANTS

ALAUX, Eugène-Emile, *Etudiant en Médecine*, classe 1907.

Tué à son poste de service pendant les grandes batailles de Belgique.

ALDEBERT, Marcel, classe 1911, *Etudiant en Droit.*

Maréchal des logis au 6e Groupe d'Artillerie à pied.

Tué en 1915, dans les Vosges.

ALTHUSSER, Louis-Ernest, *Etudiant à la Faculté des Sciences*, classe 1911. Sous-lieutenant observateur.

« Observateur en avion, officier remarquable par son activité, son énergie et son mépris absolu du danger. Après s'être signalé comme observateur terrestre, s'est montré intrépide observateur en avion. Mortellement blessé en réglant le tir d'une batterie. Croix de guerre avec palme. »

Inscription au tableau spécial de la Légion d'Honneur, Chevalier.

« Althusser, Louis-Ernest, sous-lieutenant, officier remarquable par son activité, son énergie et son mépris absolu du danger. Après s'être signalé comme observateur terrestre, s'est montré intrépide observateur en avion. Mortellement blessé en réglant le tir d'une batterie le 21 mai 1916 devant Verdun, a été cité. Paris 19 octobre 1919 ».

D'AUTRECHAUS, Jean, classe 1914, *Etudiant en Droit*. Sous-Lieutenant au 1er Régiment de Tirailleurs de marche, Chevalier de la Légion d'Honneur.

« Vaillant officier qui a toujours eu au feu une attitude superbe; le 13 mai 1916 a donné à ses hommes un bel exemple de sang-froid et d'énergie pendant un bombardement extrêmement violent au cours duquel il a été blessé très grièvement. Mutilation de la face ; perte de l'œil gauche. Croix de guerre avec palme. »

Décédé le 19 mai 1916 à l'Hôpital militaire de Sainte-Menehould.

BARRIAC, Zéphirin, classe 1911, *Etudiant à la Faculté des Lettres*. Soldat au 3e Régiment de Zouaves.

Tué le 8 décembre 1914, à Roclincourt.

BERAUD, Paul-Marie-Camille, *Etudiant à la Faculté des Sciences*, classe 1911, sous-lieutenant :

« Excellent chef de pièce, calme, plein de sang-froid. Désigné pour commander une pièce fortement éprouvée à à la suite de plusieurs bombardements violents, a su prendre immédiatement un gros ascendant moral sur ses hommes, pansant lui-même ses blessés. Très actif autour de sa mitrailleuse, sa pièce ayant été mise hors de combat par plusieurs éclats d'obus, est venu rendre compte aussitôt sans se soucier du plus violent tir de barrage. (Mort pour la France). Ayant pris au cours du combat le commandement de la compagnie de mitrailleurs, l'a brillamment conduite à l'attaque et s'est fait tuer bravement en plaçant lui-même ses sections à leur poste de combat le 11 août 1918. »

Chevalier de la Légion d'Honneur.

BINOS, René, classe 1908, *Etudiant en Droit*. Mobilisé le 2 août 1914 en qualité de sergent à l'Etat-Major du 17e Corps d'Armée.

Décédé à l'Hôpital militaire de Cannes (Alpes-Maritimes), le 20 mars 1917, des suites de la campagne de Charleroi et d'Argonne.

BOGLIOLO, *Etudiant à la Faculté des Sciences*. Lieutenant au 2e Régiment de Zouaves de marche, adjoint au chef de corps :

« A fait preuve de la plus belle bravoure en portant un ordre urgent pour l'attaque, sous un feu des plus violents d'artillerie et d'infanterie et est mortellement frappé en revenant d'accomplir sa mission ».

Décédé des suites de ses blessures, le 29 novembre 1914.

BOUVERY, Lucien, classe 1914, *Etudiant en Droit, Avocat à la Cour d'Appel d'Alger*. Aspirant au 1er Régiment de Tirailleurs de marche.

Tué le 21 avril 1915, à Langernack (Belgique).

BENOIT, Georges, classe 1916, *Etudiant en Droit*. Caporal infirmier à la 1re Section d'Infirmiers militaires.

Décédé à l'Hôpital de Vert Pré, à Marseille, des suites de maladie contractée en service.

BRETZNER, Paul, classe 1915, *Etudiant à la Faculté de Droit*. Aspirant au 4e Régiment de Zouaves de marche.

Cité à l'Ordre du corps expéditionnaire d'Orient :

« A été mortellement blessé en entraînant ses hommes à l'assaut d'une tranchée turque, sous un feu violent de l'ennemi. »

BROQUIERE, Jean, classe 1915, *Etudiant à la Faculté de Droit*. Lieutenant au 9e de Ligne (active). Quatre blessures.

Croix de Guerre, Trois Palmes avec trois Citations à l'Ordre de l'Armée. Légion d'Honneur.

Tué à l'ennemi le 17 février 1917, à Apremont.

1re Citation :

« Blessé le 17 février 1915 en entraînant sa section à l'assaut des tranchées allemandes au Nord de Perthes. A peine guéri, est revenu sur le front et a donné le 30 juin un bel exemple de courage en refusant de se laisser évacuer alors qu'il venait d'être atteint de deux éclats d'obus. »

2e Citation :

« Jeune officier, modèle de bravoure, s'est particulièrement distingué le 15 mai 1916, au cours d'une attaque tentée sur nos lignes. A personnellement dirigé une contre-attaque à la grenade et a repris un de nos postes envahis par les Allemands.

Après l'attaque, s'est porté en plein jour, en rampant, jusqu'à un lance-flammes laissé sur place par un des assaillants et, aidé d'un caporal, l'a rapporté dans nos tranchées. Déjà cité à l'Ordre de l'Armée. »

3e Citation :

« Jeune officier ardent, énergique et brave jusqu'à la témérité. Le 16 février 1917, ayant entendu au cours d'une ronde de nuit le bruit d'un vif combat à la grenade du côté d'un petit poste très rapproché de la ligne ennemie, s'est porté immédiatement de ce côté pour se rendre compte et a été blessé grièvement à la cuisse par un éclat d'obus. Déjà blessé et cité deux fois à l'Ordre de l'Armée. »

BRUNO, Jules-Edward, Canonnier au 4e Groupe d'Artillerie. Médaille coloniale, agrafe « Maroc », Croix de guerre avec palme.

Ordre des Troupes du Maroc, 17 juin 1916 :

« La section de position d'artillerie du poste de Tarzout, sous les ordres du maréchal des logis Hady, a contribué puissamment à la défense du poste de Tarzout contre un ennemi dix fois supérieur en nombre ; a eu les deux tiers de son personnel tués, n'en a pas moins continué le feu pendant trente heures, sans repos, permettant l'arrivée de la colonne de secours.

« S'est particulièrement distingué le canonnier Bruno, Edward, tué sur sa pièce ».

CALAMEL, ALBERT-RASPAIL, *Etudiant en Médecine*, classe 1907. Parti comme lieutenant d'infanterie.

Tué à la tête de sa compagnie.

Citation :

« Officier très dévoué, d'une brillante conduite au feu. A été mortellement atteint en se portant à l'assaut d'une position, le 20 septembre 1914 ».

CARRIERE, FRANÇOIS, classe 1889, *Etudiant à la Faculté des Lettres*. Lieutenant de territoriale à la mobilisation. A demandé à rentrer dans l'active. Versé au 1er Régiment de Zouaves de marche.

Tué à Roclincourt le 29 novembre 1914.

Cité à l'Ordre de l'Armée :

« Le lieutenant Carrière a fait preuve, depuis le début de la guerre, de hautes qualités militaires. A été tué à quelques pas des tranchées allemandes en y jetant sa section. »

CECILE, FERNAND, *Etudiant en Droit*, classe 1906.

Tué aux Dardanelles en 1915.

CHARNOT, MARCEL, *Etudiant en Médecine*, classe 1912, médecin auxiliaire au 63e Régiment d'Infanterie. Tué à Berry-au-Bac, le 16 avril 1917. Déjà cité à l'Ordre du Régiment le 23 mars et le 27 novembre 1916. A été cité en ces termes à l'Ordre de l'Armée, le 6 mai 1917 :

« Nature ardente et généreuse, a donné de nombreuses preuves de son courage, de son sang-froid et de son dévouement dans des circonstances périlleuses. Déjà cité à l'Ordre du Régiment. Le 16 avril 1917, son unité étant divisée, a demandé instamment à rester avec la fraction soumise à un violent bombardement, tenant à réconforter les hommes par sa présence. A été grièvement blessé à son poste et est mort le même jour dans le trajet du poste de secours à l'ambulance. »

CNAPELYNK, Raoul, classe 1885, capitaine au 24e Régiment colonial (inscrit à la Faculté de Droit).

Tué le 26 avril 1915 au Fortin de Beauséjour.

Cité à l'Ordre de l'Armée en ces termes :

« A fait preuve d'une remarquable bravoure le 12 avril, où occupant une tranchée du Fortin de Beauséjour, à 50 mètres de l'ennemi, il a posé lui-même les défenses accessoires les plus rapprochées des tranchées allemandes, malgré le feu d'une mitrailleuse qui balayait le terrain pour empêcher les travaux.

« A entraîné ses hommes par son exemple, et a obtenu d'eux en quarante-huit heures la pose d'un rideau complet de défenses accessoires devant leur tranchée.

« Blessé le 31 août, est revenu sur le front le 12 octobre, et n'a cessé en toutes circonstances de donner l'exemple des plus belles qualités militaires. Mortellement blessé le 25 avril d'un éclat d'obus dans les tranchées du Fortin. »

COHEN-NAMIA, Armand, *Etudiant en Droit*, capacité, soldat au 1er Zouaves, 56e compagnie.

Blessé mortellement dans la nuit du 9 au 10 décembre 1914, à Roclincourt-Ecurie ; décédé le 12 décembre.

COURT, Amédée, *Etudiant en Droit.*

Ordre du Régiment, 31 *décembre* 1916 :

« A assuré de façon parfaite ses fonctions de chef des agents de liaison le 15 décembre 1916.

« A été blessé grièvement alors qu'il s'occupait, avec beaucoup de dévouement, de ramener vers l'arrière son capitaine mortellement blessé ».

DELAGE, ROBERT, *Etudiant en Droit*. Brigadier, Services automobiles aux Armées.

Ordre de la D. S. A. :

« Brigadier d'un courage et d'un dévouement à toute épreuve. Le 10 juin 1918, a été tué à son poste, alors qu'il assurait avec un sang-froid remarquable, sous le bombardement, le service de la circulation sur un point important ».

DELLE, FRANÇOIS, classe 1906.

Tué à Charleroi.

DERRIEU, ARMAND, classe 1912, *Etudiant à la Faculté de Droit.* Incorporé au 105e Régiment d'Infanterie.

Blessé mortellement à Fontenoy, le 2 novembre 1914.

DUMONT-DESGOFFES, BLAISE, *Etudiant en Droit.* Sergent au 9e Tirailleurs.

Ordre de la Division :

« Le 20 mars 1917 a attaqué un nid de mitrailleuses à la grenade. Blessé est resté à son poste. Sous-officier doué de belles qualités d'énergie et de belle bravoure. S'est dépensé sans compter dans un secteur d'attaque du 15 au 28 mai 1917, donnant à tous un magnifique exemple d'allant et de mépris du danger. »

DUTIER, ROBERT, *Etudiant en Droit*, classe 1912.

Tué le 21 avril 1915, à Langermarck (Belgique).

ELDIN, PAUL-LOUIS, *Etudiant en Droit.*

Ordre du Corps d'Armée :

« Le 9 octobre 1915, au combat d'Oum-Souigh, est tombé glorieusement à la tête de sa section qu'il conduisait à l'attaque, avec un entrain remarquable.

FAYAUD-MARTIN, Raoul-Alfred, *Etudiant en Médecine*, classe 1905. Médecin aide-major du 8e Régiment de Tirailleurs.

Décédé le 14 février 1917 à Kozamp (Armée d'Orient), par suite de maladie contractée en service.

FRANZINI, Paul-Félix, *Etudiant en Droit*, classe 1917. Engagé volontaire au 1er Régiment de Spahis, le 14 juillet 1915. A fait campagne dans le Sud Tunisien.

Décédé le 27 décembre 1918 des suites de maladie contractée dans le service.

GALONNIER, Louis, *Etudiant en Lettres*. Sergent au 4e Régiment de Zouaves.

Ordre de l'armée, 7 décembre 1915 :

« Au cours d'un engagement dans la presqu'île de Gallipoli, a fait preuve du plus grand courage en s'offrant pour aller chercher sous une grêle de balles son sergent blessé abandonné dans une tranchée, l'a rapporté dans les lignes et a été mortellement blessé. A succombé à Alexandrie (Egypte) le 17 mai 1915. » — Croix de guerre avec palme.

GONTARD, Albéric, classe 1914, *Etudiant en Droit*. Sergent au 4e Régiment de Tirailleurs de marche :

« Tombé glorieusement le 28 septembre 1915 à la tête de sa section qu'il entraînait vigoureusement à l'assaut des tranchées allemandes. » Ordre de la Division du Maroc.

HUMBERT, Jean-Bernard, classe 1914, *Etudiant en Droit*.

JOUBERT, Albert, classe 1909, *Etudiant en Droit*. Caporal au 81e Régiment d'Infanterie.

Tombé au combat de Bonviller le 22 août 1914.

JOUBERT, Lucien, classe 1911. *Etudiant à la Faculté de Droit.* Sergent-Major au 81e Régiment d'Infanterie.

Tombé en Woëvre en entraînant sa section à l'assaut, le 23 *septembre* 1914.

LABOURE, Charles-Albert-Joseph, classe 1913, *Etudiant à la Faculté des Sciences.* Soldat au 30e Régiment d'Infanterie. Médaille militaire et Croix de guerre.

« Excellent soldat, d'un grand courage. A été frappé mortellement le 28 octobre 1914 au combat d'Herbéville. »

LAHERRE, Lucien, *Etudiant en Droit.* Sous-Lieutenant au 118e Régiment d'Infanterie. Croix de guerre avec palme. — Chevalier de la Légion d'Honneur.

Ordre de la Division :

« Officier d'une bravoure et d'un sang-froid remarquables. Tué à la tête de sa section en l'entraînant à l'assaut des positions ennemies ».

LAPERGUE, Roger, *Etudiant en Droit. Lieutenant aviateur.* 6e Groupe d'Artillerie d'Afrique.

1er *Janvier* 1917. *Ordre de la Division :*

« Jeune et brillant officier, plein d'allant et d'énergie, toujours volontaire pour les missions les plus dangereuses. S'est dépensé sans compter pendant les attaques de la Somme, volant parfois plus de six heures dans la même journée.

11 *Avril* 1917. *Ordre du Corps d'Armée :*

« Jeune observateur d'une bravoure remarquable. Le 8 avril, au cours d'un réglage d'A. L. G. P. après s'être battu avec quatre avions ennemis, est entré encore plus avant dans les lignes adverses pour reconnaître son objectif, jusqu'au moment où son pilote a été gravement blessé. Grâce à son sang-froid et à son courage, a permis à son pilote de sauver l'équipage.

2 *Août* 1917. *Ordre de l'Armée :*

« Officier remarquable par sa bravoure et ses qualités d'observateur. D'une rare conscience, remplit avec fruits les fonctions d'officier de renseignements des escadrilles d'armée, tout en effectuant des vols journaliers, demandant toujours les missions délicates et périlleuses. Le 26 mai 1917, réussit à faire détruire une pièce à longue portée qui tirait sur nos ballons. A eu de nombreux combats où il a toujours su imposer sa supériorité morale. »

1er *Décembre* 1917. *Ordre de l'Armée Belge :*

« Pour services exceptionnels rendus à l'armée belge, au cours de l'offensive des Flandres de 1917 ».

10 *Mai* 1918. *Ordre de l'Aéronautique de l'Armée :*

« A accompli une mission photographique importante sous la menace continuelle d'une aviation supérieure en nombre, qu'il a réussi par son habileté à dominer constamment, accomplissant jusqu'au bout sa mission. »

1er *Juillet* 1918. *Ordre de l'Armée :*

« Brillant officier, ayant une haute conception du devoir. Belle conscience de soldat, s'impose à tous par sa crâne bravoure et sa haute valeur militaire. Au cours des dernières opérations, a rapporté des renseignements précieux, forçant le passage au prix de durs combats, exécutant tous les jours des reconnaissances à basse altitude jusqu'à plus de trente kilomètres dans les lignes ennemies, descendant à cinquante mètres jalonner la ligne, réussissant de remarquables missions photographiques sur l'arrière du front. S'est particulièrement distingué, en exécutant seul, à soixante-dix kilomètres, en territoire occupé par l'ennemi, une reconnaissance du plus haut intérêt militaire. Au cours d'une mission photographique éloignée a eu le visage complètement gelé. Quatre fois cité à l'Ordre. Cité à l'Ordre de l'Armée Belge. »

3 *Août* 1918. *Légion d'Honneur :*

« Observateur de premier ordre, d'une bravoure au-dessus de tout éloge. Pendant les opérations récentes a rendu les services les plus signalés. A été blessé grièvement en combat aérien. 5 citations antérieures. »

LAVERDET, Louis-Ferdinand-Marcel, *Etudiant à la Faculté des Sciences,* classe 1906, 7e Zouaves de Marche :

« Le sous-lieutenant Laverdet, de la 56e compagnie, est tombé mortellement frappé à la tête de sa section, en disant à ses hommes : « Laissez-moi, partez en avant. »

LECAT, Victor, classe 1896, *Etudiant en Droit.*

Tué le 3 octobre 1915, à Dehibal (Tunisie) : Croix de guerre avec palme, Légion d'Honneur.

LEGAGNEUR, Henri-Lucien, *Médecin aide-major de 2e classe* de l'hôpital Fustapidima (Ile de Corfou).

« Décédé le 1er juillet 1916, à la suite de fièvre typhoïde, contractée en prodiguant ses soins à des malades atteints de cette affection.

« Médecin très zélé, très actif, a fait l'admiration de tous ses camarades, pour lesquels il a été le plus bel exemple d'abnégation et de dévouement professionnel. »

M. Legagneur a fait ses études à la Faculté de Médecine d'Alger ; il a été interne et lauréat des hôpitaux de cette ville jusqu'en 1908.

LEMAS, Paul, *classe* 1911, *Etudiant en Droit.*

LLORENS, Jean, classe 1913, *Etudiant en Droit.* Soldat au 81e Régiment d'Infanterie.

Décédé des suites de la fièvre typhoïde, à l'hôpital de ***Montpellier.***

LOTTICI, Laurent, classe 1914, Etudiant en Droit. Caporal fourrier au 1er Régiment de Tirailleurs.

Disparu le 19 avril 1917, en Champagne.

MALARDEAU, Georges-Tancrède-Eugène, classe 1917, *Etudiant en Médecine :*

« Médecin auxiliaire dévoué et attaché à ses devoirs. Surpris dans le secteur par un bombardement soudain et extrêmement violent, n'a pas hésité à essayer de traverser la zône bombardée pour se porter en avant et rejoindre son poste de secours. A disparu en accomplissant cet acte de beau courage et de complète abnégation. »

MALLAC, André, *Etudiant en Droit.* Mobilisé au 1er Régiment de Zouaves (août 1914). Sous-Lieutenant (mai 1915). Lieutenant (avril 1916).

Ordre du Régiment, 9 *mai* 1915 :

« Pour ses belles qualités militaires, son entrain et son courage. »

Ordre de l'Armée, 26 septembre 1915 :

« Envoyé le 26 septembre 1915 en mission dangereuse, a fait preuve d'un sang-froid et d'un courage remarquables. » Chevalier de la Légion d'Honneur.

Ordre de la Mission française en Roumanie, octobre 1917 :

« Officier d'un très grand courage et d'une rare énergie : a su former son régiment tant au point de vue moral qu'au point de vue instruction, malgré de grosses difficultés matérielles ; a été, pendant les attaques du 24 au 29 juillet, un auxiliaire précieux pour son colonel, guidant les bataillons et donnant l'exemple du courage, du sang-froid et de l'énergie. Chevalier de l'Etoile de Roumanie.

Ordre de l'Armée, 31 octobre 1918 :

« Le 31 octobre 1918 a conduit sa compagnie à l'attaque des positions ennemies énergiquement défendues, avec un sang-froid remarquable et le plus absolu mépris du danger, faisant preuve de brillantes qualités de décision et de commandement.

« Violemment contre-attaqué, il résista jusqu'à la dernière limite de ses forces et tomba glorieusement sur la position dont il avait pu s'emparer. »

MANGUE, Henri, classe 1912, *Etudiant en Droit.*

MATTEI, Charles-Joseph, classe 1901, *Etudiant en Médecine.*

MOJON, Jacques, classe 1916, Etudiant en Droit. Aspirant au 4e Régiment de Chasseurs d'Afrique. Engagé volontaire à l'âge de 18 ans.

Mort pour la France le 22 octobre 1916.

Croix de guerre.

« Modèle d'entrain, d'énergie et de courage, s'est distingué comme chef de reconnaissance dans plusieurs circonstances difficiles. Evacué pour maladie une première fois, est revenu sur sa demande pressante reprendre sa place au front, insuffisamment guéri, et n'a consenti à être évacué une seconde fois qu'à bout re forces. »

NANTA, Henri, classe 1908.

Tué à la bataille de la Marne, septembre 1914.

NAVARRE, Georges, *Etudiant en Droit.*

Ordre de la Xe Armée, 30 juillet 1915 :

« Le 16 juin, au moment d'une contre-attaque allemande, a été tué en entraînant sa compagnie à l'assaut. »

NEYRAND, Adolphe, classe 1908, *Etudiant en Droit.* Sous-Lieutenant au 2e Zouaves.

Tué a Crouy, le 13 septembre 1914.

« Le Sous-Lieutenant Neyrand Adolphe : belle conduite au feu, mortellement blessé en tête de sa section en se portant à l'assaut le 13 septembre 1914. » (Ordre du Régiment).

PHILIPPI, Paul, *Etudiant en Médecine*, classe 1915, engagé volontaire en 1914 :

« Dans les différents combats du 1er au 15 avril 1917, a toujours installé son poste de secours très près de l'ennemi malgré les bombardements les plus violents. Le 1er avril n'a pas hésité à se porter aux abords d'un village occupé par l'ennemi et dans une zone continuellement battue par les feux ennemis pour porter secours à une de nos reconnaissances sérieusement éprouvée. »

PRÉVOST, Hector-Marcel. *Etudiant à la Faculté des Sciences*, classe 1912. Caporal-fourrier au 1er Régiment de marche d'Afrique.

Ordre du Régiment, n° 196, *du* 1er *octobre* 1916 :

« Prévost, caporal fourrier 6e compagnie, 2e bataillon, remplissant les fonctions d'agent de liaison auprès du capitaine, a assuré ce service d'une façon parfaite, sous un feu très nourri, et a été blessé (combat du 9 septembre 1916 en Macédoine) ; mort le 10 septembre à l'ambulance C M', à Komand. » Médaille militaire (30 octobre 1920).

PUECHMARY, Léon, *Etudiant à la Faculté des Sciences*, classe 1910, maître-ouvrier 2e Génie, 19e bataillon.

Tué à Pontavert (Aisne), le 26 *janvier* 1916.

RAMIER, Marcel, *Etudiant en Droit*, classe 1911. Caporal-fourrier au 7e Régiment de Tirailleurs Algériens, a été cité à l'ordre du Régiment en septembre 1915. — Sous-Lieutenant, a été cité à l'ordre de l'armée en ces termes :

« A pris part aux combats des 9 et 10 août 1918, conduisant brillamment sa section à l'attaque et donnant à ses hommes un bel exemple de mépris du danger. Blessé le 9 août, après avoir contribué à l'enlèvement de plusieurs centres de résistance ennemis et à la fuite de l'adversaire. » Chevalier de la Légion d'Honneur.

RICHARD, Frédéric, *Etudiant en Droit*, classe 1913. Sapeur-pontonnier au 7e Génie, Avignon.

Tué au Quesnoy-en-Santerre, le 30 *octobre* 1914.

RIGAL, Jean, *Etudiant en Droit*, classe 1914. Appelé au 1er Régiment de Tirailleurs, le 8 septembre 1915.

Tué à Bouchavesne, le 12 *septembre* 1916.

RIOLANT, Charles, *Etudiant en Droit*, classe 1907.

ROBIN, François, *Etudiant à la Faculté des Sciences*, classe 1907. Sergent téléphoniste au 334e Régiment d'Infanterie.

Mort au champ d'honneur à St-Léonard, près de St-Dié, le 28 *août* 1914.

SACOMANT, Paul, *Etudiant en Droit*, classe 1910.

SERFATI, Albert, *Etudiant à la Faculté des Sciences*, classe 1909. Mobilisé le 16 août 1914 au 2e Régiment de Zouaves. Caporal.

Disparu le 7 *septembre* 1914 *à la bataille de la Marne.*

SERAIN, Charles, *Etudiant en Droit*, classe 1901. Capitaine d'Artillerie.

Tué le 26 *juin* 1918 *au Bois de la Fosse, près d'Ecueil (Marne).*

Trois citations :

1re citation : « Serain Charles : le 20 avril 1916, se trouvant dans un poste non protégé a continué l'observation d'un tir malgré un bombardement ennemi violent et ajusté. S'est déjà fait remarquer par son courage et son sang-froid dans diverses opérations. »

2e citation : « Commande une batterie de 155 long dont les tirs se sont toujours maintenus réguliers et précis, sous des bombardements violents malgré les pertes causées par le feu ennemi. A réussi à effectuer un changement de position, le 20 avril 1917, dans des conditions très difficiles, dues au mauvais état du terrain et au manque de moyens matériels. »

3e citation : Chevalier de la Légion d'Honneur : « Excellent commandant de batterie, ayant participé aux batailles de l'Yser (1915), de la Malmaison (1917), de Reims (1918). Officier exceptionnel par son courage, sa droiture et son dévouement. Adoré de ses hommes. Tué par éclat d'obus à son poste de combat le 26 juin 1918 au Bois de la Fosse, près d'Ecueil (Marne). Croix de guerre avec palme ».

SESINI, ANDRÉ-LOUIS-ALEXANDRE, *Etudiant en Médecine*, classe 1913. Blessé pour la 3e fois à Verdun.

Décédé à la suite de ses blessures le 7 mai 1916 à l'ambulance 5/3, de Dugny (Meuse).

« S'est dépensé toute la journée sous un feu des plus intenses de l'artillerie ennemie pour faire relever les blessés du bataillon, a réussi malgré de très réelles difficultés, provenant de l'encombrement des tranchées et des boyaux, à faire assurer par ses équipes de brancardiers qu'il dirigeait lui-même, l'enlèvement de tous les blessés. Légèrement blessé par éclat d'obus. » (Ordre du jour de la Division du 23 juin 1915).

« Le 16 octobre 1915, ayant été blessé par un éclat d'obus, s'est fait panser par ses infirmiers, n'a pas voulu être évacué et a continué à soigner des blessés avec un dévouement touchant. Avait déjà été admiré par ses chefs et par tous les soldats du bataillon pour la sollicitude avec laquelle, pendant les violents bombardements du commencement d'octobre, il avait ramassé, soigné et évacué ses blessés. » (Ordre du jour du Régiment du 17 novembre 1915).

« Depuis son arrivée au front, comme volontaire, a été pour tous un exemple de zèle, de dévouement et de bravoure. Au cours des affaires où son bataillon a été engagé, s'est toujours dépensé sans compter pour assurer, sur la ligne de feu, le pansement et la relève rapide des blessés. A été atteint d'une très grave blessure, le 28 avril 1916. Déjà deux fois blessé et deux fois cité à l'ordre. » (Ordre du jour de l'Armée du 8 mai 1916).

SULTAN, Echoua, *Etudiant à la Faculté des Lettres.*

Sergent au 1er Régiment mixte de Zouaves et Tirailleurs. Tombé au champ d'honneur le 14 juin 1918, en encourageant ses hommes, sous un violent bombardement à une attaque entre Cœuvres et Valtery. Amputé de la jambe gauche le 17 juin. Décédé à l'ambulance de Chantilly, le 23 juin 1918.

Titulaire de la médaille militaire et de la croix de guerre avec palme.

« Très bon sous-officier, d'une belle attitude au feu. A été blessé très grièvement à son poste de combat, en encourageant ses hommes, sous un violent bombardement. Amputé de la cuisse gauche. »

TERTIAN, Raymond, *Etudiant en Droit*, classe 1918.

Brigadier pilote-aviateur. Escadrille Opa 89. G. C. XVII.

Tué en combat aérien, le 9 *octobre* 1918 *dans la région du Bois d'Estrayes (Meuse).*

Citation à l'Ordre de l'Armée :

« Jeune pilote animé du plus bel esprit. A toujours fait preuve d'une grande bravoure et d'un superbe entrain. Le

9 octobre 1918, a été glorieusement tué en combat aérien en se portant vaillamment à l'attaque d'une patrouille ennemie. » Croix de guerre et médaille militaire.

TIMSIT, Edmond-Marx, *Etudiant en Médecine*, classe 1910.

Mort des suites de fièvres contractées en Serbie.

VERDU, Gaston, *Etudiant en Droit*, classe 1900.

Sous-oficier d'artillerie, torpillé sur le paquebot « Médic » le 23 septembre 1917.

VERJEUS, Alfred, *Etudiant en Droit*, classe 1914.
Matelot au 2e Régiment de Fusiliers marins.

Mort à Saint-Georges-les-Nieuport (Belgique), le 28 décembre 1914.

MÉDERSAS

ÉTUDIANTS

BEGHADID, Mohammed, *Elève de la Médersa de Tlemcen.* Engagé volontaire. Aspirant.

Tué sur le front français.

BELLACHE, Lahcène ben Hamou, *Elève de la Médersa de Constantine*, caporal.

Mort pour la France le 16 avril 1917.

BOUKLIKHA, Mohammed, *Eléve de la Médersa de Tlemcen.* Engagé volontaire.

Tué sur le front français.

DJEZIRI, Aïssa ben Lamri, *Elève de la Médersa de Constantine*, Aspirant.

Mort pour la France le 18 juin 1918.

ED DRIEF, Mohammed ould Abdelkader, *Elève de la Médersa de Tlemcen*, Engagé.

Mort sur le front français.

HACENE, Meziane, *Elève de la Médersa de Tlemcen*, Appelé par la conscription indigène.

Tué dans le service à Béchar.

LABLAK, Ahmed, *Elève de la Médersa de Tlemcen.* Appelé par la conscription indigène.

Mort en France au service.

ENSEIGNEMENT

SECONDAIRE

BALLONGUE, Alfred, *Professeur de Mathématiques au Lycée d'Oran.*

Mobilisé le 2 août 1914 en qualité de sous-lieutenant de réserve au 2ᵉ Régiment de Zouaves, décoré de la Légion d'Honneur avec le motif suivant :

« Blessé le 7 septembre par une balle qui lui a traversé la poitrine, est revenu sur le front à peine guéri et sans prendre de convalescence. Chargé des mitrailleuses, s'est dépensé sans compter de jour et de nuit, pendant tout l'hiver, dans les tranchées, avec un zèle infatigable des plus intelligents. Vient d'être à nouveau blessé le 21 février par des éclats de bombe et, bien que devant être évacué, a énergiquement insisté pour être maintenu sur le front afin de pouvoir organiser la nouvelle compagnie de mitrailleuses. »

Tué à l'ennemi, près d'Ypres, le 28 *avril* 1915.

Cité à l'Ordre de l'Armée :

« Pendant cinq jours consécutifs en première ligne, avec sa compagnie de mitrailleuses, a déployé la plus grande bravoure pour faciliter la marche en avant du régiment. Est tombé mortellement frappé. »

BERLUREAU, *Agent au Lycée d'Alger*, soldat au 3e Zouaves de marche.

Tué le 17 *février* 1915 aux environs d'Arras ; il avait été blessé en novembre et il avait rejoint son régiment dès le mois de janvier.

BEZES, *Surveillant d'Internat au Lycée d'Alger*, Sous Lieutenant au 1er Zouaves.

Tué aux Dardanelles en juin 1915.

BONNELL, *Répétiteur stagiaire au Lycée de Constantine*, soldat au 1er de Marche d'Afrique.

Tué le 21 *septembre* 1916 *à Florina.*

Cité à l'Ordre de la Division le 14 mai 1917 :

« Zouave animé des sentiments du plus pur patriotisme, intelligent et instruit, ayant une haute compréhension du devoir. A fait l'admiration de ses chefs et est tombé glorieusement pour la France le 21 septembre 1916, face à l'ennemi. »

BULLE, *Répétiteur au Collège de Sétif.*

Tué à Saint-Ferjeux, près de Château-Porcien, le 30 octobre 1918.

Citation à l'Ordre de la Division :

« Jeune aspirant de la classe 1918, s'est distingué particulièrement dans la défense d'un village, sous un feu violent de mitrailleuses. Ayant à défendre un coin de rue, s'y est maintenu jusqu'à ce qu'il ait reçu l'ordre de se replier. A dû se frayer un passage à la baïonnette. Prend part à son premier combat. »

Citation à l'Ordre de l'Armée :

« Le 15 juillet 1918, à la bataille de Champagne, a ouvert le feu sur une escadrille ennemie survolant et bombardant nos lignes à faible hauteur. A réussi à abattre à coups de mitrailleuses un avion ennemi qui est tombé en flammes dans nos lignes. »

CALAMEL, Abel, *Surveillant d'Internat et Ancien élève du Lycée d'Alger,* sous-lieutenant au 112ᵉ Régiment d'infanterie.

Ordre du Régiment :

« Officier très dévoué, d'une brillante conduite au feu, a été mortellement atteint en se portant à l'assaut d'une position, le 20 septembre 1914. »

Chevalier de la Légion d'Honneur à titre posthume (16 décembre 1920).

CANET, *Surveillant d'Internat au Lycée de Constantine,* aspirant au 7ᵉ Régiment de Tirailleurs algériens, blessé à la bataille de l'Yser ; nommé sous-lieutenant au 1ᵉʳ Mixte de Zouaves et Tirailleurs.

Tué le 28 *juin* 1918, *à Villers-Cotterets.*

CAPMARTIN, *Répétiteur au Collège de Bône,* soldat au 15ᵉ d'infanterie.

Tué le 2 *novembre* 1914, *à Bixchoote (Belgique).*

CHENOU, Albert, *Répétiteur au Collège de Blida,* sous-lieutenant au 4ᵉ Zouaves.

Blessé aux Dardanelles, le 12 juillet 1915. *Mort le* 15 *juillet* des suites de ses blessures.

CHEVASSUS, Victor, *Profeseur de* 8ᵉ *au Lycée d'Oran.*

Mobilisé le 3 août 1914, en qualité de sergent au 27ᵉ Régiment d'infanterie à Dijon. Une citation au 10ᵉ Régiment d'Infanterie. Blessé le 10 octobre 1914 à l'épaule et à l'œil. Nommé sous-lieutenant le 20 mars 1916.

Tué à l'ennemi le 28 *mars* 1917.

Chevalier de la Légion d'Honneur à titre posthume (18 septembre 1919).

« Très bon officier, courageux et actif. Blessé une première fois, est revenu au front sur sa demande, à peine rétabli. A été tué au moment où il assurait, sous un violent bombardement, la liaison téléphonique avec un bataillon d'attaque. »

CRUCIANI, *Répétiteur au Collège de Bône*, soldat au 146e d'Infanterie.

Tué en mai 1915, *à Neuville-St-Vaast (Pas-de-Calais).*

Cité à l'Ordre du Régiment, le 22 mai 1915 :

« Très courageux, a, par son exemple, entraîné ses camarades à l'assaut d'un village. A été tué. »

DAUPHIN, *Professeur au Collège de Bône*, Capitaine au 2e Régiment Mixte de Zouaves-Tirailleurs.

Tué le 6 *octobre* 1915, *à Tahure.*

Cité à l'Ordre de l'Armée, le 31 décembre 1915 :

« Sergent de territoriale au début de la guerre, a demandé à venir sur le front. D'un courage et d'un sang-froid à toute épreuve, donnait à tous l'exemple du mépris le plus absolu du danger. A l'attaque du 6 octobre 1915, a entraîné sa compagnie au delà de la première ligne allemande. A été tué en tête de son unité, à quelques pas de la seconde ligne. »

FERNAND, Frédéric, *Agent au Lycée de Constantine*, soldat au 1er Régiment de marche d'Afrique, décédé à l'hôpital d'Odessa, le 6 janvier 1919.

GAUSSOT, *Professeur au Lycée de Constantine*, Adjudant au 82e d'Infanterie.

Tué le 16 *avril* 1917, *à Juvincourt.*

HUMBERT, Maurice, *Répétiteur au Collège de Mostaganem*, classe 1912. Caporal au 88e d'Infanterie.

Disparu au combat d'Ecuries, juillet 1918.

JOUVE, *Répétiteur au Lycée de Constantine*, Adjudant au 3e Zouaves, promu adjudant-chef sur le champ de bataille.

Tué le 12 juillet 1915 aux Dardanelles.

Cité à l'Ordre du Régiment le 25 *juin* 1915 :

« Sous-officier remarquable, qui ne cesse de donner des preuves de bravoure et de dévouement. »

JUGUE, *Professeur au Lycée de Constantine*, lieutenant au 14e d'Infanterie.

Tué le 8 septembre 1914 *à la bataille de la Marne, près de Sompuis.*

Chevalier de la Légion d'Honneur, du 5 mars 1920 :

« Vaillant officier, courageux et dévoué, qui dès les premiers combats s'est affirmé comme un brave. Glorieusement tombé au champ d'honneur le 15 septembre 1914 à Vitry-le-François. Croix de guerre avec étoile de vermeil. »

LAFFONT, Robert, *Surveillant d'Internat au Lycée d'Alger*, sergent au 4e Régiment de marche de Tirailleurs.

Tué le 10 *juillet* 1916, *à Belloy-en-Santerre.*

« Très bon sous-officier, a donné à tous le plus bel exemple de bravoure et de sang-froid. Tombé glorieusement à son poste de combat. »

Citation à l'Ordre de la Division.

Décoré de la médaille militaire, à titre posthume, le 29 octobre 1920.

LAVERGNE, Paul, *Répétiteur au Lycée d'Oran*, soldat de réserve au 53e Régiment de Ligne.

Tué à l'ennemi le 17 *mars* 1915.

LEVET, Camille, *Surveillant général au Lycée d'Oran*, mobilisé le 2 août 1914, comme sergent de réserve au 58e Régiment d'Infanterie à Avignon, nommé adjudant-chef le 20 juin 1915, proposé pour le grade de sous-lieutenant.

Cité le 10 mai 1916 à l'*Ordre du Régiment* :

« Adjudant-chef très courageux, commande une section au front depuis seize mois ; a toujours été un modèle de bravoure pour ses hommes. Le 10 mai 1916, au cours d'un bombardement intense, a contribué largement au déblaiement d'une galerie éboulée où plusieurs hommes étaient ensevelis. Par la rapidité du travail, ces hommes qui auraient infailliblement péri, ont pu être sauvés. Décoré de la Croix de guerre pour ce motif. »

Tué à l'attaque de Craonne, le 16 *avril* 1917.

LORDET, Emile, *Professeur au Lycée d'Alger*, sergent au 9e Régiment de Zouaves, mort le 7 septembre 1915.

LOVICHI, *Professeur au Collège de Philippeville*. Aspirant au 1er Zouaves.

Tué le 14 *juillet* 1915 *aux Dardanelles.*

Cité à l'Ordre du Régiment le 21 juin 1915 :

« A entraîné vaillamment sa section à l'assaut et pendant plus de 15 heures n'a cessé de commander seul et de donner le meilleur exemple aux défenseurs de la tranchée conquise par lui. »

Cité à l'Ordre de l'Armée, le 14 juillet 1915 :

« Blessé, n'a pas voulu quitter le commandement de sa section qu'il a conservé toute la nuit sous le feu de l'ennemi. N'a cessé de commander et de donner le plus bel exemple de courage aux défenseurs de la tranchée conquise. A été blessé mortellement. »

LUCQUIN, *Professeur au Collège de Philippeville*. Sergent d'infanterie.

Tué à Soissons en octobre 1914.

MARTIN, Joanny, *Professeur de* 7e *au Lycée d'Oran*. Sergent de réserve au 2e Régiment de Zouaves, promu adjudant.

Tué à l'ennemi, aux Dardanelles, le 12 *juillet* 1915.

MOREAU, Roger-Alfred, *Surveillant d'Internat au Lycée de Constantine*, caporal au 4e Régiment de Zouaves, blessé à Lizerne (Belgique), promu sergent au 3e Mixte de Zouaves, puis nommé aspirant au 4e Tirailleurs (Division marocaine).

Tué le 28 avril 1918 pendant l'offensive de la Somme.

Cité à l'Ordre du Régiment en mai 1915 :

« Très belle conduite au cours des combats des 23, 24, 25 et 26 août 1915 devant Lizerne (Belgique). A secondé son chef de section avec dévouement et énergie. »

Cité à l'Ordre du Régiment en avril 1917 :

« Sous-officier, chef de section très énergique. A montré le 20 avril 1917 beaucoup de calme et de sang-froid sur une position violemment bombardée ; a su y maintenir ses hommes par son excellente attitude, réduisant les pertes par de judicieux travaux prescrits et exécutés. »

Cité à l'Ordre de la Division en mai 1918 :

« Le 28 avril 1918, au moment où se déclanchait une contre-attaque ennemie, s'est avancé à découvert, malgré les rafales de balles et d'obus, pour se rendre compte de la progression de l'ennemi. A été mortellement atteint en faisant ouvrir le feu de ses pièces de mitrailleuses. »

MOZZICONACCI, René, *Surveillant d'Internat au Lycée d'Alger.* Sergent au 2e Régiment de marche d'Afrique.

Tué le 13 juillet 1915 aux Dardanelles.

Cité à l'Ordre de l'Armée :

« Parti comme volontaire ; blessé mortellement en s'élançant courageusement pour occuper un boyau sous un feu intense de mitrailleuses. »

NEOLLIER, Louis, *Professeur de Mathématiques au Lycée de Constantine.*

Disparu le 24 septembre 1914.

DE PACHTERE, Félix, *Professeur d'Histoire au Lycée d'Alger.* Sergent au 1er Régiment de Zouaves, deux fois blessé, promu lieutenant au 2e Régiment de marche d'Afrique.

Tué à l'ennemi le 24 *septembre* 1916 *à Verbeli (Macédoine).*

Cité à l'Ordre de l'Armée :

« Glorieusement tombé pour la France en entraînant sa troupe à l'assaut d'une position bulgare formidablement défendue par les feux de l'artillerie. »

PREVOT, Albert-Robert, *Professeur au Collège de Blida.* Sergent au 167e Régiment d'Infanterie.

Disparu à Verdun le 11 *juillet* 1916.

ROGER, Eloi, *Agent au Lycée de Constantine.* Canonnier au 3e Groupe d'Artillerie d'Afrique.

Décédé à l'hôpital de Bizerte, le 20 *août* 1918.

ROUCH, Raymond, *Professeur aux Petits Lycées de Mustapha et de Ben-Aknoun.* Lieutenant au 83e Régiment d'Infanterie.

Tué le 21 *décembre* 1914.

RAVENNE, Jean, *Agent du Lycée d'Alger.* Soldat au 3e Régiment de Chasseurs d'Afrique. Blessé dans le Sud Tunisien.

Mort des suites de ses blessures à l'hôpital de Sousse, le 2 *novembre* 1915.

SAINT-MARTIN, Victor, *Professeur adjoint au Petit Lycée de Mustapha.* Sous-lieutenant au 1er Régiment de Zouaves.

Mort à l'hôpital (Dardanelles), le 30 *août* 1915.

« Comme adjudant des bivouacs a fait preuve, en toutes circonstances, d'un dévouement et d'un courage exemplaires : s'est particulièrement signalé dans l'organisation des services des blessés des différentes unités pendant le bombardement, dans la nuit du 19 au 20 juillet 1915. » (Citation à l'Ordre de l'Armée).

SARFATI, Salomon-Albert, *Professeur délégué au Collège de Sétif*, du 3e Zouaves.

Disparu en septembre 1914 à la bataille de la Marne.

SICURANI, Tiburce, *surveillant d'internat au Lycée d'Alger.* Sergent au 2e Régiment de Zouaves.

Tué en Belgique en juin 1915.

SEBBAH, *Répétiteur au Collège de Bône.* Caporal-fourrier au 61e d'Infanterie.

Tué le 2 septembre 1914 à Mont-sur-Meurthe.

Médaille militaire

« Caporal courageux qui a fait vaillamment son devoir dès les premiers combats de la campagne. Mort glorieusement pour la France, le 2 septembre 1914, des suites des blessures reçues à l'ennemi. »

TOURBEZ, Paul, *Professeur adjoint au Lycée d'Alger,* adjudant au 8e Régiment d'Infanterie.

Décédé le 28 février 1915, des suites de ses blessures.

« A mené sa section à l'assaut avec un courage admirable. Atteint grièvement, a cherché quand même à avancer en criant : « En avant, en avant ! Vive la France ! » Combat du 27 février 1915. (Citation à l'Ordre de l'Armée).

Médaille militaire à titre posthume :

« Brave sous-officier. Mort pour la France le 28 février 1915 des suites de ses glorieuses blessures. Croix de guerre avec étoile de bronze. »

TRUGHOT, Raoul, *Surveillant d'Internat au Lycée d'Alger.* Soldat au 5ᵉ Régiment de Tirailleurs Algériens.

Tué le 25 septembre 1915, à Souain, en Champagne.

WOLFHUGEL, Edmond-Auguste, *Répétiteur au Collège de Mostaganem.* Aspirant au 1ᵉʳ Régiment de Marche d'Afrique.

Tué à l'ennemi, le 12 juillet 1915, aux Dardanelles, pendant un assaut donné aux tranchées turques.

Cité à l'Ordre de l'Armée d'Orient.

ENSEIGNEMENT

PRIMAIRE

4

ABADIE, René, *instituteur à Meurad.*

Tué à Louvemont (Meuse), le 16 décembre 1916.

Médaille militaire :

« Caporal énergique et brave ; s'est dépensé sans compter pendant l'attaque du 15 décembre 1916, notamment en traversant le ravin du N. où il a entraîné ses hommes avec un mépris complet du danger. Arrivé à la position conquise, a trouvé une mort glorieuse en organisant le terrain conquis. A été cité. »

ADJADJI, Lucien, *Instituteur à Aïn-Taya,* ex-expéditionnaire à l'Inspection académique d'Alger.

Tué le 22 août 1914, à Lunéville.

AGERT, Arthur, *Instituteur au Télagh,* caporal réserviste au 90e d'Infanterie.

Tué à Merville-aux-Bois, près Moreuil (Somme), le 11 avril 1918.

Décoré de la Croix de guerre.

« Excellent mitrailleur, consciencieux et dévoué. A fait preuve pendant la période du 4 au 7 novembre 1916 de beaucoup de courage et de sang-froid, donnant à ses camarades un bel exemple de dévouement. » (Ordre n° 368 du Régiment, 5 décembre 1916).

« Excellent gradé, a toujours fait preuve de belles qualités militaires. Blessé au cours de l'attaque du 11 avril 1918 a été ensuite mortellement atteint. » (Ordre n° 575 du Régiment, 1er mai 1918).

ALBENQUE, *Elève-maître* (Promotion 1913-1916). Sous-lieutenant au 413e d'Infanterie. Blessé à Hourges (Aisne).

Décédé des suites de ses blessures le 29 *mai* 1918.

« Excellent officier, courageux et crâne ; très aimé de ses hommes. Chargé d'effectuer le 18 octobre 1917 une reconnaissance offensive dans les lignes ennemies, a fait preuve de sang-froid et de bravoure dans l'exécution de sa mission au cours de laquelle il a été blessé. Grâce aux dispositions habiles qu'il a prises, a pu surprendre un ennemi pourtant sur ses gardes, accomplir heureusement sa mission et rentrer dans nos lignes sans essuyer de pertes, malgré un violent tir de barrage. » (Ordre du 14e Corps d'Armée, 27 octobre 1917).

« Au combat du 25 avril 1918, devant Locre, a fait preuve du plus grand courage. A résisté sur place à l'ennemi, pendant plusieurs heures, malgré les pertes importantes subies par sa section. S'est joint ensuite à une autre unité pour continuer la lutte. A fait preuve de grandes qualités de commandement pendant la période des combats du 25 au 29 avril. (Ordre de la Division, mai 1918).

ALBOU, Fernand, *Elève-maître* (Promotion 1912-1915).

« Vaillant soldat, ayant toujours fait preuve de bravoure et de courage. A été blessé grièvement le 15 juillet 1918 à son poste de combat, au cours d'une violente attaque ennemie. » (Citation à l'Ordre de la Division).

ALLOUCHE, *Instituteur à Saint-Arnaud*, soldat au 1er Zouaves.

Décédé des suites de ses blessures le 15 octobre 1916, à Paris (Blessé à Maurepas).

ALTHUSSER, Louis, *Elève-maître* (Promotion 1907-1910) et ex-élève de 4e année à Bouzaréa, reçu au professorat des Ecoles Normales, sous-lieutenant observateur (1).

Tué le 21 mai 1916.

ALVISET, Fernand, *Instituteur auxiliaire* du département d'Oran (intérimaire à Mostaganem, avenue Raynal), engagé volontaire, caporal-fourrier au 2e Tirailleurs Algériens.

Tué à Crouy (Aisne), le 17 septembre 1914.

AMALRIC, Elie, *Elève-maître* (Promotion 1913-1916).

Tué à Sapigneul, près de la côte 108, le 16 avril 1917.

AVISOU, Norbert, *Elève-maître* (Promotion 1911-1914), aspirant au 159e Régiment d'Infanterie :

« Nouvellement arrivé au régiment. Pendant la période du 17 au 25 mars 1916 a fait preuve d'un courage et d'une initiative remarquables en établissant une ligne de tranchées sous un violent bombardement. » (Citation à l'Ordre du Régiment).

AYACHE, Charles, *Instituteur auxiliaire* du département d'Oran (intérimaire à Aïn-Temouchent), soldat au 1er Zouaves.

Tué au bois de Chaulnes (Somme), le 22 octobre 1916.

BAC, *Elève-maître* (Promotion 1909-1912), sergent au 4e mixte de Zouaves-Tirailleurs.

Tué en Belgique le 12 août 1915.

(1) Voir citations page 19.

« Très belle attitude au cours de l'attaque allemande du 13 mai pendant laquelle il a donné l'exemple d'un brillant courage. Avait été blessé grièvement le 21 septembre. Etait revenu sur le front à peine guéri. » (Ordre de la 4e Brigade marocaine, 22 mai 1915).

BACHELARD, Louis, *Elève-maître* (Promotion 1911-1914), aspirant au 2e Régiment bis de Zouaves.

« A dirigé une patrouille qui a ramené le cadavre d'un gradé de sa compagnie disparu dans des conditions assez mystérieuses. A jugé avec raison que la mémoire d'un de ses camarades de combat valait la peine d'être défendue même au prix de sa vie. A fait preuve de sentiments de camaraderie très élevée. » (Citation à l'Ordre de la Division).

« A été mortellement blessé en menant sa section à l'assaut le 25 avril 1915. » (Citation à l'Ordre de l'Armée).

BACO, Gaston, *Instituteur à Saint-Cloud* (en congé), lieutenant réserviste au 10e Groupe d'Artillerie de campagne d'Afrique, décoré de la médaille coloniale (Maroc).

Décédé à Sidi-bel-Abbès le 22 *novembre* 1916 des suites d'une maladie contractée au front.

BAILLY-MAITRE, Léon, *Instituteur à Relizane*, sergent réserviste au 60e d'Infanterie.

Tué à Jonchery, près Suippes (*Marne*), *le* 25 *septembre* 1915.

BARBANTAN, Alexandre, *Instituteur à Birtouta* (Alger), caporal au 15e Régiment d'Infanterie.

Décédé le 9 *novembre* 1914 des suites de sa blessure, à Abelle, commune de Poperinghe (Belgique).

BARBEAU, Abel, *Instituteur à Orléansville*. Caporal-fourrier au 298e Régiment d'Infanterie.

Tué à Latilly (*Aisne*), *le* 22 *juillet* 1918.

BARNOUIN, Maurice, *Elève-maître de l'Ecole Normale de Bouzaréa* (Promotion 1912-1915). Sous-lieutenant au 8e Régiment de marche de Tirailleurs.

« Chef de section plein d'entrain et d'allant, chargé d'assurer avec sa section la couverture d'un mouvement difficile du bataillon, a assuré sa mission avec le plus grand calme et dans les meilleures conditions. » (Citation à l'Ordre de la Brigade du 20 juillet 1918).

« Officier d'une énergie admirable. Blessé légèrement, avait refusé de se laisser évacuer, sachant que son unité devait attaquer le lendemain. A été mortellement atteint en entraînant brillamment sa section à l'assaut. Déjà médaillé pour faits de guerre, une blessure et 3 citations (Citation posthume à l'Ordre de l'Armée du 10 octobre 1918).

BARTHELAT, *Instituteur à Herbillon*, caporal au 6e Bataillon de Chasseurs alpins

Tué le 9 septembre 1914 à Vassincourt (Meuse).

BARTHELEMY, Henri, *Elève-maître* (Promotion 1914-1917), caporal :

« Jeune engagé volontaire, grenadier d'élite, a fait preuve, comme nettoyeur de tranchées d'une réelle bravoure et d'un sang-froid remarquable. Le 16 avril a contribué à la capture de nombreux prisonniers. » (Citation à l'Ordre de la Brigade).

BARTHELEMY, *Instituteur à Ouled-Saïda*, sous-lieutenant d'infanterie. Blessé grièvement près de Charleroi en août 1914.

Décédé en captivité en Allemagne, le 19 septembre 1916.

BAUDET, Gustave, *Instituteur à Arzew*. Sergent réserviste au 2e bis de Marche de Zouaves.

Disparu sur le canal de l'Yser le 25 avril 1916.

BEGHADID, Mohammed, *Maître auxiliaire* du département d'Oran (moniteur intérimaire à Aïn-Sefra), engagé volontaire, aspirant au 7e de Marche de Tirailleurs Algériens, décoré de la croix de guerre.

Tué à Chaudun (Aisne), le 19 *juillet* 1918.

« A l'attaque du 30 mai 1918, s'est distingué par sa bravoure en refoulant avec sa section des groupes ennemis qui serraient de trop près sa compagnie. » (Ordre n° 54 du corps d'Armée, 23 juin 1918).

BEGON, Paul, *Instituteur à Beni-Ounif*, caporal réserviste au 214e d'Infanterie.

Disparu à Senon (Meuse), le 24 *août* 1914.

BELHADJ, *Instituteur à Batna*, mobilisé dans les convois automobiles. Ecrasé par un camion duquel il a été projeté (5 juin 1917).

BENDARA, Abdelkader, *Elève-maître* (Promotion 1914-1917). Engagé volontaire en novembre 1916.

Mort au champ d'honneur.

BERNARD, Maurice, *Instituteur à Dellys*. Sergent-fourrier au 9e Régiment de Zouaves.

Porté disparu le 15 *novembre* 1916 *à Sailly-Saillisel (Somme).*

BERNE, Joseph, *Instituteur à Ténès*. Sergent au 2e Régiment de marche d'Afrique.

Décédé des suites de ses blessures à Seddul-Bahr (Gallipoli), le 24 *juin* 1915.

« Très belle conduite au feu, a courageusement porté sa section en renfort sous un feu violent en terrain découvert et battu. A été blessé. »

BERTRAND, *Instituteur à Biskra*, aspirant au 1er Mixte de Zouaves-Tirailleurs.

Tué en février 1916 *devant Verdun.*

BETOUCHE, *Instituteur à Aïn-el-Youdi*, soldat au 7e Tirailleurs.

Disparu dans le naufrage de la « Dive », en 1918.

BEUN, *Elève-maître* (Promotion 1909-1912). Secrétaire d'état-major à la 75e brigade.

Mort des suites de ses blessures le 22 *mars* 1916 à l'hôpital du Creusot (Blessé au Mort-Homme).

« Blessé mortellement le 14 mars 1916 au Mort-Homme en faisant le coup de feu pour arrêter les Allemands qui débordaient le poste de commandement de la Brigade. »

BIRON, Maurice, *Elève-maître* du département d'Oran, instituteur intérimaire à Saïda. Sous-lieutenant au 8e Tirailleurs Marocains. Décoré de la Croix de guerre, plusieurs citations.

Tué à la Casbah de Médiouna (Maroc), le 1er *avril* 1919.

BIRON, René, *Elève-maître* (Promotion 1912-1915), sous-lieutenant :

« Jeune officier d'une haute valeur, véritable entraîneur d'hommes. A fait preuve des plus belles qualités militaires, d'un courage, d'une ardeur incomparables, a fait l'admiration de sa troupe pendant l'attaque du 28 juin. A entraîné par deux fois sa section à l'assaut d'un centre de résistance. A capturé des mitrailleuses et fait des prisonniers. Blessé au cours de l'attaque. » (Citation à l'Ordre de l'Armée).

BLART, *Instituteur à Sidi-Okba*, caporal-fourrier au 8e Tirailleurs. Blessé près de Soissons.

Mort des suites de ses blessures le 29 *septembre* 1914 à *l'hôpital d'Evreux.*

BOGLIOLO, Jean, *Instituteur à Guyotville* (Alger), lieutenant au 2ᵉ Zouaves.

Décédé des suites de ses blessures, le 29 *novembre* 1914.

BON, Gabriel, *Instituteur à Oran* (rue Paixhans), délégué au Conseil départemental de l'Enseignement primaire, lieutenant territorial au 1ᵉʳ de Marche d'Afrique, décoré de la Croix de guerre.

Tué en avant de Monastir, le 19 *avril* 1917.

« Malgré son âge tient la campagne depuis plus d'un an et vient de donner un merveilleux exemple de bravoure, d'énergie, de volonté, dans la poursuite de l'ennemi jusque sous les murs de Monastir. (Ordre nº 217 du Régiment, 3 décembre 1916).

2ᵉ Citation (lieutenant au même corps) : « Dans la nuit du 4 au 5 avril 1917, chargé de la défense d'une place occupée par deux sections de la compagnie, a, par son courage et son sang-froid, tenu une tranchée bombardée pendant dix heures et a su prendre toutes dispositions utiles pour repousser quatre attaques successives. Tombé glorieusement au cours du combat du 19 avril 1917. » (Ordre nº 143 du Corps d'Armée, 6 mai 1917).

BONNET, François-Eugène, *Instituteur-adjoint à l'Ecole annexe de Bouzaréa* (classe indigène). Sergent au 300ᵉ d'Infanterie.

Mort au champ d'honneur à Verdun, le 30 *juillet* 1916.

BORDIN, *Elève-maître* (Promotion 1913-1916), soldat au 4ᵉ Zouaves puis au 1ᵉʳ Régiment de Marche d'Afrique :

« A l'attaque du 21 juin devant le Kérevès Déré (Dardanelles), s'est lancé courageusement à l'assaut des tranchées turques. A été blessé dangereusement. » (Ordre du Régiment, 17 septembre 1915).

Décédé des suites de ses blessures le 13 *juillet* 1915 à l'hôpital de Nice.

BORGE, *Elève-maître* (Promotion 1912-1915), aspirant au 8e Tirailleurs :

« Le 25 septembre, blessé à la tête en sortant de la tranchée, a continué à entraîner vigoureusement sa section à l'assaut des positions allemandes ; ne s'est fait évacuer qu'à la fin de la journée. » (Ordre du Corps d'Armée, octobre 1915).

Sous-lieutenant au 8e Tirailleurs :

« Du 12 au 19 juillet 1916 a tenu, avec sa section, un des points les plus menacés de notre première ligne et sur lequel l'ennemi tenta plusieurs attaques à la grenade et par les flammes. A été l'âme de la défense, exaltant par son courage, sa bravoure et sa gaîté le moral de sa troupe et a contribué à repousser toutes ces attaques, notamment celle du 19 juillet qui fut particulièrement violente. » (Ordre de l'Armée, juillet 1916).

Disparu en 1916.

BOUCHET, Albert, *Elève-maître* (Promotion 1915-1918).

Mort des suites de ses blessures le 24 juillet 1918, *à Latilly (Aisne).*

BOUKERCHE, Bendjelal, *Instituteur à Trézel*, soldat réserviste au 2e de Marche de Tirailleurs Algériens, décoré de la Croix de guerre.

Disparu au Goda (Marne), le 16 *avril* 1917.

« Malgré un intense bombardement, a assuré la liaison entre la compagnie et le P. C. Blessé en cours de route. » (Ordre de la Brigade, 14 juin 1916).

BOUKHEZER, Lakhdar, *Elève-maître* (Promotion 1915-1918), Aspirant.

Tué le 12 *août* 1918.

BOURDY, Maurice, *Instituteur à Alger.*

Décédé le 7 *mars* 1918, à l'hôpital Maillot, à Alger, des suites de maladie contractée en Orient.

BRIDE, Philippe, *Instituteur à Laferrière*, caporal réserviste au 2e Zouaves. Blessé à Pareuil le 19 novembre 1914.

Décédé à Lignereuil (Pas-de-Calais), le 30 *novembre* 1914, *des suites de ses blessures.*

BRISSON, Gustave, *Instituteur à Dellys*, sergent au 107e de Ligne.

Tué au combat d'Ecurie, le 25 *septembre* 1915.

CABANEL, Louis, *Instituteur à La Trappe (Staouëli)*. Soldat de 1er classe au 81e Régiment d'Infanterie. Grièvement blessé à l'attaque du Moulin de Beauséjour en Champagne, le 6 mars 1915.

Mort des suites de ses blessures le 17 *juin* 1915, à l'Hôpital temporaire n° 17, à Châlons-sur-Marne.

CALDIER, Paul, *Instituteur à Hussein-Dey*, sous-lieutenant au 2e Bataillon territorial de Zouaves.

Décédé le 26 *septembre* 1917, à l'hôpital Maillot, à Alger, des suites de maladie contractée en Orient.

CAMILLERI, Eugène, *Elève-maître* du département d'Oran (Promotion 1911-1914), instituteur intérimaire à Oran (Pasteur), aspirant au 1er de Marche de Zouaves.

Tué au bois Ogival (Ardennes), le 29 *septembre* 1918.

CANAVAGGIO, *Elève-maître* (Promotion 1915-1918), soldat au 8e Tirailleurs.

Tué le 20 *août* 1918 *à Carlepont (Oise).*

CANNEBOTIN, LÉON, *Elève-maître* (promotion 1912-1915), de l'Ecole Normale de Bouzaréa.

Tué à Verdun, le 16 mai 1916.

« Sous-lieutenant au 5e Tirailleurs. Le 25 septembre 1915 a entraîné ses hommes à l'assaut avec une bravoure et une énergie admirables. A continué la poursuite jusqu'à l'objet fixé. » (Citation à l'Ordre de l'Armée).

« Jeune officier qui a donné par son sang-froid et son énergie le plus bel exemple à ses hommes. Est resté à la tranchée 5 jours consécutifs sous un bombardement intense. Tué par un éclat d'obus après avoir atteint avec sa section l'objet indiqué » (Citation à l'Ordre de l'Armée).

CANTON, *Elève-maître* (Promotion 1910-1913), sous-lieutenant au 112e d'Infanterie :

« A fait preuve de beaucoup de sang-froid et de présence d'esprit en présence d'une patrouille ennemie dont il a abattu le chef. » (Ordre du Régiment, 8 juin 1916).

Nommé Chevalier de la Légion d'Honneur pour prendre rang du 16 avril 1917, avec la citation suivante :

« Jeune officier brave et ardent, a été blessé très grièvement pour la deuxième fois le 9 avril 1917 en faisant le tracé d'une tranchée nouvelle dans une zone particulièrement battue par le feu de l'ennemi. » La présente nomination comporte l'attribution de la Croix de guerre avec palmes. (Ordre du Grand Quartier général, le 9 mai 1917).

Décédé des suites de ses blessures, le 16 avril 1917, à l'ambulance ; blessé à Bezonvaux.

CARRERE, CYPRIEN, *Instituteur à Aïn-Témouchent*, sous-lieutenant réserviste au 12e d'Infanterie, décoré de la Croix de guerre.

Tué à Louvemont (Meuse), le 25 août 1917.

1re Citation : « Sous-officier remarquable à tous les points de vue. A dirigé et fait exécuter, malgré la fusillade et le jet de grenades, des travaux avancés qui ont grandement facilité un coup de main réussi sur un petit poste ennemi, le 10 août 1916. A su le lendemain par son autorité maintenir à son poste sa section éprouvée par un violent bombardement de gros calibre et a aidé à dégager certains de ses hommes enterrés par les obus. » (Ordre n° 305 du Régiment, 10 août 1916).

2e Citation (sous-lieutenant au même corps) : « Officier brave jusqu'à la témérité. Le 15 avril 1917, malgré un violent bombardement, s'est élancé avec fougue à la tête d'une poignée d'hommes pour reprendre un élément de tranchée occupé par un parti ennemi qu'il a mis en fuite grâce à son habileté de grenadier. » (Ordre de la Division, 1917).

3e Citation : « Bel officier d'un sang-froid et d'un courage légendaires. Sur le front depuis le début de la campagne, a pris, comme chef de section, une brillante part à toutes les actions du régiment : Oise, Marne, Aisne, Champagne, Verdun. Le 20 août 1917, avec sa fougue et son entrain habituels, s'est porté à l'attaque des lignes ennemies à la tête de sa section ; est tombé mortellement frappé au moment où, sous le feu des mitrailleuses ennemies, il organisait la position conquise. Déjà cité à l'Ordre. » (Ordre n° 517 du Corps d'Armée, 1917).

CARRIERE François, *Instituteur à Alger,* lieutenant au 1er Zouaves.

Tué le 1er décembre 1914, près d'Arras.

« Le lieutenant Carrière a fait preuve depuis le début de la guerre, de hautes qualités militaires. A été tué à Ecurie en entraînant sa section à l'assaut d'une tranchée allemande. »

CASTETS, Jean-Marie, *Instituteur au Télagh*, fourrier au 1er Zouaves.

Tué près d'Ecurie (*Pas-de-Calais*), le 11 *janvier* 1915.

CHABERT, Aurélien, *Instituteur à Rivoli*, sous-lieutenant, active, au 2e Tirailleurs Algériens.

Tué aux environs de Guise (*Aisne*), *le* 29 *août* 1914.

CHABERT, Maurice, *Instituteur à Margueritte* (Alger), sergent au 7e Tirailleurs.

Tué le 25 *décembre* 1914, *à Bailly* (*Oise*).

CHABOD, Camille, *Instituteur à Sidi-bel-Abbès* (*Marceau*), caporal-fourrier, réserviste au 2e Zouaves.

Tué près d'Ecurie (*Pas-de-Calais*), *le* 11 *janvier* 1915.

CHALMANDRIER, Auguste, *Instituteur à Iril-Imoula* (*Dra-el-Mizan* M.), sous-lieutenant au 359e d'Infanterie.

Tué le 6 *octobre* 1915.

« Etant chargé de renforcer la ligne avec un peloton, a réussi ce mouvement presque sans pertes, malgré un feu violent de mitrailleuses venant de l'arrière. » (Citation à l'Ordre de la Brigade).

« A été frappé mortellement en entraînant sa compagnie à l'assaut des tranchées ennemies. A montré un exemple admirable de bravoure et de complet mépris du danger. » (Citation à l'Ordre de l'Armée).

CHAMBRIER, François, *Instituteur-adjoint, délégué à l'Ecole annexe.*

Blessé et disparu le 20 *août, mort des suites de ses blessures le* 18 *septembre* 1914, *à Trèves* (*Allemagne*).

CHARBONNIER, *Instituteur à Tittest,* sergent au 3e Tirailleurs.

« Sous-officier énergique et dévoué, d'un calme et d'un sang-froid à toute épreuve. Son chef de section ayant été blessé, a pris le commandement de l'unité et l'a conduite avec un bel entrain à l'assaut des tranchées ennemies. Tué au cours de l'action, le 16 avril 1917. » (Ordre du Régiment, 26 mai 1919).

CHARTAGNAT, François, *Instituteur à Staouéli,* maréchal des logis au 7e Régiment d'Artillerie à pied.

Décédé à l'hôpital de Troyes, le 19 novembre 1918, des suites de maladie contractée en service.

CHENIKHAR, Saïd, *Instituteur à Aït-Akerroui,* sergent-fourrier au 8e Régiment de Marche de Zouaves :

« Dans les combats des 16 et 17 juin a assuré d'une façon remarquable son service de porteur d'ordres et de renseignements sur un terrain soumis à un feu meurtrier des mousqueteries, de mitrailleuses et d'artillerie ennemies. Antérieurement, comme agent de liaison du commandant de la compagnie, s'était brillamment distingué les 9, 10, 11 et 12 mai. » (Citation à l'Ordre de la Brigade).

« Au combat du 25 septembre 1915, s'est acquitté de sa mission d'agent de liaison avec le courage qui lui est familier malgré un feu violent de mousqueterie et d'artillerie. » (Citation à l'Ordre de la Brigade).

« A l'attaque du 9 juillet a assuré malgré sa fatigue, sous un bombardement et d'une façon parfaite, la liaison avec le bataillon. » (Citation à l'Ordre de la Brigade).

« Au cours des combats du 17 au 24 avril 1917, a assuré d'une façon parfaite, sous les plus violents bombardements, la liaison entre le chef de bataillon et son commandant de compagnie. » (Citation à l'Ordre du Régiment).

CLARY, Gaston, *Instituteur à Saint-Louis,* sous-lieutenant réserviste au 2e Zouaves, décoré de la Croix de guerre.

Tué devant Quennevières (Oise), le 31 octobre 1914.

« Le 31 octobre 1914, à l'attaque d'une ferme organisée par l'ennemi, sa section ayant eu une seconde d'hésitation, l'a enlevée par sa belle attitude et l'a vigoureusement portée à l'assaut, au cours duquel il est tombé mortellement frappé. » (Ordre n° 114 de la Brigade, 1er mai 1915).

CLAUSE, *Instituteur à N'Gaous*, sergent au 1er Mixte de Zouaves-Tirailleurs :

« Brillante conduite au combat du 26 février 1916. Blessé mortellement en entraînant sa section à l'assaut. » (Ordre de la 3e Brigade marocaine, 12 mai 1916).

Décédé des suites de ses blessures, le 29 février 1916, à l'ambulance de Clermont-en-Argonne.

CLAVEL, Jean-Baptiste, *Instituteur à Yaskren (Mizrana* M.). Sergent au 3e Régiment de Zouaves.

Tué à Ecurie, le 18 *février* 1915.

CLEMENT, Georges, *Instituteur à Saint-Denis-du-Sig*, sergent-fourrier réserviste, au 2e de Marche de Zouaves, décoré de la Croix de guerre.

Tué au Goda (Marne), le 16 *avril* 1917.

« Très bon sous-officier, discipliné, brave et plein d'audace. Au cours de l'attaque du 15 décembre 1916, s'est particulièrement fait remarquer en prenant à l'improviste le commandement d'une fraction de nettoyeurs de tranchée, dont le chef venait d'être tué, et en l'entraînant en avant malgré un violent feu de mitrailleuses. » (Ordre n° 585 du Régiment, 28 février 1917).

« Sous-officier d'une bravoure remarquable. Le 16 avril 1917, s'est particulièrement distingué en assurant la liaison avec le bataillon, est tombé blessé mortellement pendant qu'il rendait compte à son commandant de compagnie de sa mission accomplie. » (Ordre n° 621 du Régiment, 26 avril 1917).

CLER, Edouard, *Instituteur auxiliaire* du département d'Oran (intérimaire à Sidi-bel-Abbès, Voltaire), soldat au 9e Tirailleurs, décoré de la Médaille coloniale (Tunisie).

Tué à Verdun, le 1er octobre 1917.

COCULA, Alfred, *Elève-maître* (promotion 1911-1912), *de la Section spéciale de Bouzaréa.*

Tué à l'ennemi dans la Somme, en octobre 1914.

COMTE, *Instituteur à La Calle*, sergent au 255e d'Infanterie.

Tué le 23 *septembre* 1914 *aux Eparges (Meuse).*

CONSOLIN, *Instituteur à Chériat*, brigadier au 1er Groupe d'artillerie de campagne d'Afrique.

Décédé le 23 *juillet* 1917 à l'hôpital militaire de Digne des suites d'une pneumonie contractée au front.

CONTRAIRE, Joseph, *ex-Elève-maître* du département d'Oran, *Surveillant à l'Ecole primaire supérieure de Sidi-bel-Abbès*, sous-lieutenant au 2e Zouaves.

Tué à Stave (Belgique), le 24 *août* 1914.

Légion d'Honneur et Croix de guerre avec étoile de vermeil à titre posthume (20 juillet 1920) :

« Officier courageux qui a fait vaillamment son devoir dès les premiers combats de la campagne. »

CORBINAUD, Henri, *Elève-maître* (Promotion 1910-1913).

COUDOUEL, Prosper, *Instituteur à Prévost-Paradol, Centre Agricole*, sous-lieutenant réserviste au 2e Mixte Zouaves-Tirailleurs.

Tué au N. E. de Cléry (Somme), le 20 *septembre* 1916.

COUTEILLES, Alfred, *Instituteur à Fornaka,* sergent réserviste au 12e d'Infanterie, décoré de la Croix de guerre.

Tué à Bezonveaux (Meuse), le 11 *mars* 1917.

« Excellent sous-officier, modèle de conscience et de courage. Observateur de bataillon, a été tué à son poste alors qu'il surveillait les mouvements de l'ennemi au cours d'une attaque malgré un violent bombardement de gros calibre dirigé sur son observatoire. » (Ordre n° 78 de la Division, 15 mars 1917).

CRABÉ, Jean, *Instituteur à Aumale (Alger),* du 3e Régiment de Zouaves de marche.

Tué au combat de Crouy, le 22 *septembre* 1914. Médaille militaire (1er octobre 1918).

« Zouave ayant toujours fait preuve de courage et de dévouement. Tué glorieusement le 22 septembre 1914 à Crouy. Croix de guerre avec étoile de bronze. »

CROQUISON, *Instituteur à Souk-Ahras,* sergent au 4e Zouaves.

Tué le 7 *novembre* 1914 *à Vailly (Aisne).*

CRUON, Roger, *Instituteur à Rivoli,* aspirant au 2e Tirailleurs Algériens, décoré de la Médaille militaire et de la Croix de guerre. Blessé à Quennevières (Oise), le 6 juin 1915.

Décédé à Alger le 18 *décembre* 1918, *des suites de ses blessures.*

« Jeune sous-officier qui s'était toujours fait remarquer par sa bravoure et sa belle attitude au feu. Blessé grièvement le 6 juin 1915 en entraînant sa section à l'assaut des tranchées allemandes. » (Ordre n° 10.790 de l'Armée, 29 juillet 1915).

CUNEO, *Instituteur à Bou-Djelil,* caporal au 111e de Ligne.

Tué le 22 *octobre* 1915 *dans la Meuse.*

CUSSINET, Lucien, *Instituteur à Mercier-Lacombe*, sergent au 3e Zouaves.

Tué à Cormicy-la-Neuville (Marne), le 16 avril 1917.

DARMON, Adolphe, *Elève-maître* du département d'Oran (Promotion 1913-1916), *Instituteur intérimaire à Mascara, rue Alexandre III*, sergent au 146e d'Infanterie, décoré de la Médaille militaire et de la Croix de guerre.

Blessé au Nord de la Somme le 30 juillet 1916.

Décédé à Cerizy-Galli (Somme), le 10 *août* 1916 *des suites* de ses blessures.

« Bon sous-officier, qui a toujours eu une belle attitude au feu ; a été grièvement blessé le 30 juillet 1916 en entraînant ses hommes à l'attaque d'une position ennemie. » (Ordre n° 3573 D de l'Armée, 9 août 1916).

DARMON, Albert, *Elève-maître* du département d'Oran (Promotion 1913-1916) ; *Instituteur intérimaire à Sidi-bel-Abbès (Marceau)*, sergent au 170e d'Infanterie, décoré de la Croix de guerre.

Tué au Bois du Seigneur (Marne), le 4 mai 1917.

« Le 4 mai 1917, a entraîné sa demi-section à l'assaut de la position ennemie avec un entrain et un calme remarquables. A été mortellement blessé au moment où il arrivait sur l'objectif. » (Ordre n° 232 du Régiment, 31 mai 1917).

DELHORBE, Charles, *Elève-maître* (Promotion 1914-1917), de l'Ecole Normale de Bouzaréa.

Tué le 30 *mars* 1918, *à Marchel.*

« S'est maintenu avec sa demi-section sur la position au cours d'une contre-attaque ennemie et a été tué à son poste de combat. » (Citation à l'Ordre de la Brigade).

DEPLANQUE, Henri, *Directeur d'Ecole à Montagnac nommé à Saint-Lucien*, sergent réserviste au 4e Zouaves.

Tué à la Creute (Aisne), le 4 octobre 1914.

DESBIOLLES, Marius, *Elève-maître* (promotion 1912-1913).

DEVILLE, *Instituteur à La Calle*, caporal au 3e Zouaves.

Tué le 7 novembre 1914 à Bercy (Seine-et-Marne).

DONAIN, *Elève-maître* (promotion 1910-1913), soldat au 58e d'Infanterie.

Disparu en 1915.

DONCHE, Louis, *Elève-maître* (promotion 1913-1916). Brigadier.

Mort de maladie contractée au service le 20 février 1916, à Poitiers.

DOUAR, Mokrane, *Elève-maître* (promotion 1915-1918), aspirant au 1er Régiment de Tirailleurs marocains.

« Jeune aspirant calme et très énergique. Le 10 août 1918 a donné à ses hommes l'exemple du calme et du mépris du danger les plus absolus et a maintenu sa section sur une position très violemment battue par le feu de l'artillerie et des mitrailleuses ennemies. »

La Médaille militaire a été conférée à l'aspirant Douar Mokrane.

« Jeune aspirant indigène, d'une vaillante conduite au feu. Au combat du 30 septembre 1918 a été, par sa bravoure, d'un bel exemple pour ses tirailleurs. A été grièvement blessé au cours de l'action. Une citation. » (Citation à l'Ordre de l'Armée).

DOUAT, François, *Elève-maître du département d'Oran* (promotion 1914-1917), soldat au 94ᵉ d'Infanterie.

Disparu devant Sailly-Saillisel (Somme), le 29 octobre 1916.

DRUHOT, Paul, *Instituteur à Kristel,* sergent au 175ᵉ d'Infanterie.

Tué à la Boucle de la Cerna, cote 1050 (Orient), le 24 novembre 1916.

DUFFARD, Edmé, *Instituteur auxiliaire du département d'Oran (suppléant à Mostaganem), école primaire supérieure,* maréchal des logis au 19ᵉ d'Artillerie de campagne, décoré de la Croix de guerre.

Tué à Pargny-les-Reims (Marne), le 20 janvier 1916.

« Sous-officier modèle, ayant toujours eu au feu une attitude digne des plus grands éloges. Le 19 janvier 1916, au cours d'un très violent bombardement, a été blessé mortellement à son poste de combat pendant qu'il maintenait le calme chez ses hommes par ses paroles et son exemple. » (Ordre n° 37 du Régiment, 27 janvier 1916).

DUMEAU, *Instituteur à Sidi-Khalifat,* lieutenant au 6ᵉ Tirailleurs.

Blessé à Seicheprey (Meurthe-et-Moselle).

Décédé des suites de ses blessures le 9 janvier 1918.

DUMOND, Jean, *Instituteur à Saint-Eugène,* sous-lieutenant de réserve au 2ᵉ Régiment mixte de Zouaves-Tirailleurs.

Tué à Angres (Pas-de-Calais), le 25 mai 1915.

« Tombé glorieusement en entraînant sa section à l'attaque de positions allemandes avec le plus grand mépris du danger. » (Citation à l'Ordre de l'Armée).

DUPONT, Lucien, *Elève-maître de la Section spéciale de Bouzaréa* (promotion 1913-1914). Sergent, puis sous-lieutenant au 4e Régiment de Zouaves-Tirailleurs :

« Sous-officier plein de décision et de fermeté. A aidé pendant les journées du 24 au 27 avril 1917, à organiser la défense des tranchées dans le secteur de sa section. A pris ensuite le commandement de la 1re section et a opposé la plus énergique résistance aux attaques de l'ennemi. » (Citation à l'Ordre de la Division).

« Excellent officier. S'est particulièrement distingué pendant l'attaque du 23 octobre 1917, où, comme nettoyeur de tranchées, est arrivé en même temps que les vagues d'assaut sur ses objectifs, nettoyant immédiatement les abris et faisant plusieurs prisonniers. A, pendant les jours suivants, fait preuve du plus bel exemple de sang-froid et de courage, maintenant ainsi le moral de ses hommes. » (Extrait de l'Ordre général de la 38e Division, le 18 novembre 1917).

La Croix de Chevalier de la Légion d'Honneur a été attribuée à la mémoire du sous-lieutenant Dupont :

« Excellent officier qui s'est fait remarquer en toutes circonstances. S'est particulièrement distingué dans la nuit du 7 au 8 août 1918 dans la forêt de Laigue, où de minuit à 4 heures, par une nuit noire et pluvieuse, sa section étant soumise à un bombardement violent par obus toxiques, il s'est dépensé sans compter pour faire prendre à son personnel les mesures de sécurité individuelles. Contraint à quitter son masque à maintes reprises en raison de l'obscurité intense, a été de ce fait très gravement intoxiqué. Mort pour la France le 19 août 1918 des suites de son intoxication. » Croix de guerre avec étoile de vermeil.

DUPONT, *Elève-maître* (promotion 1911-1914), sous-lieutenant au 8e Tirailleurs.

Tué le 19 *août* 1918, région de l'Oise.

DUPONT, Raoul, *Instituteur aux Trois-Marabouts*, sergent réserviste au 3e *bis* de Zouaves, décoré de la Croix de guerre.

Tué à Ecurie-Roclincourt (Pas-de-Calais), le 4 février 1915.

« Est tombé frappé à mort, à la tête de sa section qu'il entraînait à l'assaut des tranchées allemandes sous un feu violent d'artillerie et de mitrailleuses. » (Ordre n° 176 du Corps d'Armée, 9 février 1915).

DUPRET, Edouard, *Instituteur à Tiaret*, lieutenant, active, au 1er de Marche de Tirailleurs Algériens, décoré de la Croix de guerre.

Tué à Moronvillers (Marne), le 17 avril 1917.

1re Citation : Ordre du Régiment, octobre 1914.

2e Citation : « S'est maintenu toute une journée à la tête de sa section dans une situation dangereuse en face d'un ennemi très actif ; ayant pris le commandement de la compagnie, l'a conduite à l'attaque d'une tranchée qu'il a occupée le premier avec un peloton et s'y est maintenu jusqu'à ce qu'on le relève, malgré un feu violent et l'explosion de nombreuses bombes. » (Ordre de l'Armée, *Journal Officiel* du 1er février 1915).

3e Citation : « Au cours de l'attaque du 17 avril 1917, a fait l'admiration de tous par son entrain et sa bravoure, servant lui-même une pièce dont les servants étaient tombés. A été mortellement atteint en repoussant une contre-attaque. » (Ordre n° 222 de la Division, 17 avril 1917).

DUSSERT, Louis, *Instituteur à Er-Rahel*, sergent réserviste au 12e d'Infanterie.

Disparu à Oulches, ferme Heurtebise (Aisne), le 24 septembre 1914.

ESTARELLA, Roger, *Professeur à l'Ecole primaire supérieure de Sidi-bel-Abbès*, lieutenant réserviste au 1er de Marche d'Afrique, décoré de la Croix de guerre.

Disparu au ravin de Kérévés Déré (Dardanelles), le 28 juin 1915.

« A entraîné et conduit sa section avec un courage et un élan admirables à l'attaque d'une tranchée turque, sous un feu extrêmement violent de mousqueterie et de mitrailleuses. Blessé grièvement au pied du parapet ennemi, a eu la présence d'esprit de confier le commandement de sa section à un sous-officier. » (Ordre n° 73 de l'Armée, 4 juillet 1915).

FANGOUSE, Augustin, *Elève-maître de la Section spéciale de Bouzaréa* (promotion 1913-1914). Adjudant.

« Cité pour avoir conduit sa section avec la plus grande énergie et ramené six prisonniers dont un officier supérieur. Croix de guerre avec palmes. »

Tué le 23 *mars* 1917.

FEVRE, Georges, *Instituteur à Boufarik*, sous-lieutenant au 9e Régiment de Marche de Zouaves.

Ordre du Régiment : « Fèvre, Georges, aspirant, 11e Cie du 9e Zouaves, pendant la progression du régiment a assuré avec beaucoup de sang-froid et d'intelligence la liaison entre son chef de bataillon et son chef de corps. »

Ordre de la 3e Brigade marocaine : « Le sous-lieutenant Fèvre, Georges, officier calme, courageux et infatigable, a fait preuve pendant les journées des 27 et 28 juin 1918 d'activité et a pris de judicieuses dispositions pour l'utilisation des pièces d'accompagnement. A obtenu d'excellents résultats dans le tir qu'il dirigeait lui-même avant le départ des vagues d'assaut. »

Ordre du Corps d'Armée : « Le général de division commandant le 20e C. A. cite à l'Ordre du Corps d'Armée le sous-lieutenant Fèvre, Georges, du 9e Zouaves : Commandant le peloton du canon de 37 et Stokes, a contribué pour une large part à la réussite du passage de vive force de l'Aisne, se portant avec un courage qui a fait l'admiration de tous, sur les points les plus avancés de la ligne et animant son personnel de son exemple. A été tué glorieusement. » Chevalier de la Légion d'Honneur.

FOUFE, Marcel, *Ancien Elève-maître de la Section spéciale de Bouzaréa* (promotion 1912-1913) :

« Foufé, Marcel, aspirant, 6e compagnie, a fait preuve du plus grand courage en maintenant sa section dans les boyaux de communication sous un feu violent d'artillerie. A été tué par un obus au moment où, insouciant du danger, il s'occupait de faire abriter ses hommes. » (Citation à l'Ordre du Régiment).

FLORIAN, Jean, *Instituteur à Birkadem,* caporal au 1er Régiment de marche d'Afrique.

Disparu le 9 septembre 1916 à Nalbandkoj (Grèce), dans un assaut où il eut les deux jambes fracturées par un obus.

FOULQUIÉ, Adrien, *Ancien Elève-maître de la Section spéciale de Bouzaréa* (promotion 1910-1911).

FOYER, Henri, *Elève-maître de 4e année* (promotion 1913-1914)

Mort au champ d'honneur le 18 juin 1915, à Arras.

FRANCERIES, Jules, *Instituteur à Tizi-Ouzou.*

Décédé à l'hôpital de Berkane (Maroc), le 9 novembre 1918, des suites de maladie contractée en service.

FRANÇON, Jules, *Instituteur à Bouïra,* adjudant au 1er Zouaves de marche.

Tué à Roclincourt, le 29 novembre 1914.

GALBÈS, François, *maître-ouvrier à l'Ecole primaire supérieure de Miliana,* sergent au 7ᵉ Régiment de Zouaves.

Tué à Langemark, le 23 *avril* 1915.

GAMON, Marcel, *Elève-maître* (promotion 1914-1917), aspirant, puis sous-lieutenant au 118ᵉ Régiment d'Infanterie.

« Gamon, Marcel, de la 6ᵉ compagnie, très bon chef de section, d'une bravoure et d'un courage remarquables. A maintenu sa section sous de violents bombardements. (Citation à l'Ordre du Régiment, 4 décembre 1916).

« Chef de section d'une grande valeur morale, s'est dépensé sans compter pendant la période du 5 au 13 octobre et a su maintenir à tout moment une parfaite cohésion entre les différents éléments en ligne, (déjà cité), le 19 octobre 1917. » (Citation à l'Ordre de la Brigade).

« Officier d'une valeur incontestable. A su maintenir le calme dans sa troupe dans les circonstances les plus difficiles. A fait preuve d'initiative, notamment les... mars 1918). » (Citation à l'Ordre de l'Armée).

GARADELLI, *Instituteur à Négrine,* caporal au 2ᵉ Mixte de Zouaves-Tirailleurs.

Tué le 29 *avril* 1915 *à la tranchée de Calonne, Bois-le-haut.*

GODEAU, François, *Instituteur auxiliaire du département d'Oran (suppléant à Saint-Louis)*, aspirant au 7ᵉ de Marche de Tirailleurs Algériens, décoré de la Croix de guerre.

Tué à Auberive (Marne), le 17 *avril* 1917.

« Sous-officier énergique, a commandé sa section d'une façon remarquable le 17 avril 1917. Tombé glorieusement après avoir dépassé la première ligne ennemie. » (Ordre n° 39 du Régiment, 25 juillet 1917).

GOETZ, *Instituteur à Guelma*, adjudant au 7e Zouaves.

« Dans la nuit du 29 avril 1915, maintenant sa section sous un bombardement violent, a été mortellement frappé d'un éclat d'obus. » (Ordre de la Brigade, mai 1915).

Tué le 29 avril 1915 aux environs d'Ypres.

GORRIAS, Michel, *Instituteur à Fort-de-l'Eau*, adjudant au 1er Régiment de Zouaves.

Tué le 8 décembre 1914, à Ecurie-Roclincourt.

GOUBET, Emile, *Instituteur à Dellys*, sous-lieutenant pilote aviateur.

Dans une reconnaissance, à la suite d'une chute, a été écrasé sous son appareil, le 28 décembre 1915, aux environs de Meaux.

GOUMAND, Joseph, *Instituteur à Ténira*, caporal réserviste au 342e d'Infanterie.

Tué à Fleury (Meuse), le 26 août 1916.

GOZE, *Instituteur à Aïn-Adafel*, sergent au 3e Zouaves.

Disparu le 21 mai 1916.

« Au combat du 17 février, pendant les contre-attaques ennemies, s'est constamment tenu, au mépris du danger, sur les points les plus exposés, maintenant les hommes de sa demi-section et contribuant à conserver les positions conquises. (Ordre de la Division, 23 février 1915).

« Comme agent de liaison n'a jamais hésité, malgré le plus violent bombardement, à relier incessamment son unité, contre-attaquant en première ligne avec le chef de bataillon. A disparu au cours d'une de ses missions. » (Ordre du Régiment, mai 1916).

GRAILLET, *Instituteur à Bône*, soldat, puis caporal au 149e d'Infanterie :

« Soldat toujours brave et plein d'entrain. Deux fois blessé. (Ordre du Régiment, 10 juillet 1917).

Disparu le 15 juillet 1918 au Trou Bricot (Marne).

GRANGER, Joseph, *Instituteur à Messaâd*. Soldat au 3e Zouaves.

Tué dans la presqu'île de Gallipoli, le 3 mai 1915.

GRISARD, Auguste, *Instituteur à Aumale*, sergent au 5e Régiment d'Infanterie.

Mort des suites de ses blessures en Lorraine, le 20 août 1914.

GUASCO, *Elève-maître* (promotion 1913-1916), canonnier au 9e Groupe d'Artillerie de campagne.

Tué le 20 juillet 1916 à Belloy-en-Santerre.

« Au combat du 20 juillet 1916, à Belloy-en-Santerre, a fait preuve d'un courage et d'un dévouement remarquables en réparant des lignes téléphoniques, sous un bombardement intense jusqu'au moment où il est tombé frappé par un obus. » (Ordre de la Division marocaine, juillet 1916).

GUERRIN, Félicien, *Instituteur à Charon*, caporal-fourrier au 1er Régiment de Marche d'Afrique :

« Gradé énergique, remarquable d'entrain et de bravoure, ayant la plus noble conception du devoir. A fait preuve pendant la campagne d'un dévouement absolu et de belles qualités militaires. Tombé glorieusement au champ d'honneur. » (Citation à l'Ordre du Régiment).

Tué en Orient, le 6 octobre 1916.

GUIDEZ, Charles, *Elève-maître* (promotion 1913-1914), *Instituteur à Khanga Sidi Nadji*, adjudant au 1er d'Infanterie.

Décédé des suites de ses blessures le 19 mars 1915 à Saint-Jean-sur-Tourbe.

HABBICHE, MOHAMMED, *Instituteur à Bou-Saâda*, Sous-lieutenant au 2e Tirailleurs Algériens. Croix de guerre.

Tué le 4 septembre 1918.

HALOUSE, FERNAND, *Instituteur intérimaire à Ménerville*, du 5e Tirailleurs Algériens.

Tué à Souain, le 4 octobre 1915.

HANUS, ARMAND, né à Mekalia, le 31 mai 1893, *Maître-surveillant à l'Ecole primaire supérieure de Sidi-bel-Abbès*, engagé volontaire, aspirant au 7e de Marche de Tirailleurs Algériens, décoré de la Croix de guerre et de la Médaille militaire.

Tué au Nord d'Arras, le 9 mai 1915.

« Jeune sous-officier, plein d'ardeur et d'entrain. Tombé glorieusement à la tête de sa section, le 9 mai 1915. » (Ordre n° 447 de la Division, 28 mai 1915).

HAURE-PLACE, *Instituteur à Khenchela*, musicien brancardier au 3e Zouaves.

Tué le 25 novembre 1917 en allant relever des camarades blessés.

« A, depuis le début de la campagne et particulièrement pendant les opérations de fin septembre 1915, fait preuve des plus belles qualités de courage et de sang-froid dans la recherche, le relèvement et le transport sous le feu, de ses camarades blessés ou tués. » (Ordre de la Brigade, 16 octobre 1916).

« S'est dépensé sans compter depuis le début de la campagne pour remplir ses fonctions de brancardier et d'agent de liaison. Le 16 décembre, s'est porté spontanément dans une zone constamment battue par l'artillerie ennemie, et avec un réel mépris du danger a réussi à sauver, grâce à un travail de plusieurs heures, des hommes du régiment enlisés. » (Ordre de la Division, 4 janvier 1917).

« Musicien brancardier, d'une valeur morale particulièrement élevée. Allant au danger avec une témérité et une insouciance qui lui valaient l'admiration et le respect de ses camarades. Brancardier modèle, serviteur modeste, était pour tous un constant exemple de courage et de dévouement. Dès le début de la campagne, et de sa propre initiative, s'est occupé dans des circonstances parfois périlleuses, des morts du régiment auxquels il avait voué un véritable culte. A été tué le 25 novembre 1917 en remplissant ses fonctions de brancardier avec son zèle habituel. » (Ordre de la Division, 16 décembre 1917).

Décoré de la Médaille militaire (*Journal Officiel* du 5 novembre 1919).

HERMAS, Ludovic, *Instituteur à Marengo*, sous-lieutenant de réserve au 3e Zouaves.

Tué le 24 *septembre* 1914.

HEYBERGER, *Elève-maître* (promotion 1914-1917), sergent au 8e Tirailleurs.

Tué le 29 *mars* 1918, près d'Orvillers-Saoul (Oise).

HOUDET, Edmond, *Instituteur à Tiaret*, sous-lieutenant territorial au 1er Tirailleurs Algériens, décoré de la Croix de guerre.

Tué à Bouchavesnes (Somme), le 12 septembre 1916.

« Tombé glorieusement à l'ennemi, le 12 septembre 1916, en entraînant son unité à l'assaut des lignes ennemies sous des feux violents de mitrailleuses et un bombardement intense. » (Ordre n° 178 de l'Armée, 3 octobre 1916).

HUBERT, Eugène, *Instituteur à Aflou*, lieutenant réserviste au 2e de Marche de Tirailleurs Algériens, Chevalier de la Légion d'Honneur, décoré de la Croix de guerre.

Blessé à Thennes le 8 août 1918.

Décédé à Dury (Somme), le 21 août 1918, des suites de ses blessures.

« Le 16 avril 1917, a donné un bel exemple de bravoure et d'initiative en entraînant sa section à l'appui d'une attaque voisine sans se préoccuper de sa situation aventurée, atteignant ainsi la 2e position ennemie sur laquelle il maintint son unité malgré un violent bombardement jusqu'au moment où il tomba grièvement blessé. » (Ordre n° 228 de la Division, 7 mai 1917).

« Officier d'élite, remarquable tant par ses hautes qualités morales que par son courage et son énergie. Le 3 août 1918, a brillamment enlevé sa compagnie à l'attaque, traversant d'un seul élan trois kilomètres de terrain fortement organisé, réduisant de nombreux nids de résistance et capturant des prisonniers. A été grièvement blessé en plein combat sur le terrain reconquis. » (Ordre de l'Armée, *Journal Officiel du* 11 *décembre* 1918).

JAICH, Simon, *Instituteur à Alger*, caporal au 1er Zouaves, décédé le 26 février 1916.

JOLY, Mathieu, *Instituteur à Sidi-bel-Abbès (Marceau)*, lieutenant réserviste au 2e Zouaves, décoré de la Croix de guerre.

Tué à Barcy (Seine-et-Marne), le 7 septembre 1914.

« A entraîné sa section à l'assaut du 7 septembre 1914 avec la plus grande bravoure et a été mortellement frappé à quelques mètres des retranchements allemands. » (Ordre n° 132 de la Division, 5 octobre 1915).

JOURDAN, Marius, *Elève-maître* (promotion 1912-1915), caporal-fourrier, sergent, aspirant, puis sous-lieutenant au 2e Régiment de Tirailleurs.

Jourdan, Marius, caporal au 7e Tirailleurs :

« Gradé énergique et plein d'entrain, s'étant toujours signalé par son dévouement et son mépris du danger. Le

18 avril 1917, au matin, a donné un bel exemple de courage en se portant dans la tranchée dans laquelle l'ennemi avait réussi à prendre pied par suite d'une contre-attaque, afin de s'assurer qu'aucun document ne pouvait tomber entre ses mains. S'est dégagé à coups de mousqueton, après avoir essuyé à bout portant un coup de revolver. » (Citation à l'Ordre de la Division).

Jourdan, Marius, aspirant au 2e Tirailleurs, 6e Cie :

« Sous-officier très allant et énergique. Le 8 janvier 1918, a dirigé avec beaucoup d'intelligence et de sang-froid le service de ravitaillement d'un des bataillons d'attaque. » (Extrait de l'Ordre du Régiment, 25 janvier 1918).

Sous-lieutenant Jourdan, Marius, du 2e Régiment de Tirailleurs (1re compagnie) :

« Officier d'une bravoure et d'un allant remarquables; le 30 mai 1918 a été grièvement blessé en entraînant sa section à l'assaut d'un village dont il a assuré la conquête. » (Citation à l'Ordre du Régiment).

KEMDJI, Mohammed, *Elève-maître* (promotion 1915-1918). Engagé volontaire en mars 1917. Aspirant au 10e Tirailleurs.

Tué le 6 septembre 1918.

LABORIE, *Elève-maître* (promotion 1913-1916).

Tué le 25 septembre 1918 à Jouy (Aisne).

LABRE, Aimé, *Elève-maître* (promotion 1911-1914).

Disparu le 15 janvier 1915, à Roclincourt.

LAGUERRE, Michel, *Elève-maître de l'Ecole normale de Bouzaréa* (promotion 1909-1912), *nommé instituteur à Montagnac*, sous-lieutenant, pilote aviateur (Escadrille 37), Chevalier de la Légion d'Honneur, décoré de la Croix de guerre.

Tué dans un combat aérien, près des Islettes (Meuse), le 22 février 1916.

« A été blessé une première fois le 24 août 1914. A rejoint sa compagnie dès qu'il a pu. Le 12 novembre, désigné pour commander les éclaireurs et cisailleurs d'une colonne d'attaque, a porté son groupe jusqu'au pied des tranchées ennemies. A été grièvement blessé. (Ordre n° 440 D de l'Armée, 25 novembre 1914).

« Tombé glorieusement en attaquant seul avec une bravoure héroïque une escadrille de sept avions allemands. » (Ordre n° 195 de l'Armée, 10 mars 1916).

LALLEMENT, Marius, *Instituteur à Orléansville*, caporal au 132e Régiment d'Infanterie.

Tué au combat de Mouilli-sur-Meuse, le 2 *octobre* 1914.

LAMBALOT, *Instituteur à Colbert*, sergent au 21e Bataillon de Chasseurs à pied.

Tué au Lingekop, le 28 *juillet* 1915.

LAMBERT, Marius, *Instituteur à Camp-du-Maréchal*, sergent de tirailleurs.

Tué à Mareuil (près d'Arras).

LANDO, Jean-Etienne, *Surveillant à l'Ecole primaire supérieure de Miliana*, soldat au 8e Régiment de Zouaves, blessé à Ambleny (Aisne).

Mort des suites de ses blessures le 15 *septembre* 1918, *à l'ambulance* 3168.

LANG, Gustave, *Elève-maître du département d'Oran* (promotion 1912-1915), engagé volontaire, caporal au 47e d'Infanterie, blessé à Richaumont, le 20 août 1914.

Décédé à Guise (Aisne), en captivité, le 30 *décembre* 1914

LANGROGNET, Georges, *Elève-maître du département d'Oran* (promotion 1913-1916), *Instituteur intérimaire à Mascara*, caporal, élève-aspirant au 35e d'Infanterie, décoré de la Croix de guerre.

Tué à Wiershaat (Belgique), le 20 *mai* 1918.

« Caporal fusilier mitrailleur, très dévoué et très courageux. Blessé mortellement le 20 mai 1918, en se portant à l'assaut des tranchées ennemies. » (Ordre n° 474 du Régiment, 20 mai 1918).

LAPAUZE, Jean, *Elève-maître de la Section spéciale de Bouzaréa* (promotion 1913-1914). Sergent-fourrier.

Tué le 5 *novembre* 1916 *à Verdun.*

LAPIQUE, *Elève-maître* (promotion 1912-1915), sergent-fourrier au 4e Zouaves.

Tué le 25 *avril* 1917, *à Hurtebise (Aisne).*

LATRILLE, Georges, *Surveillant à l'Ecole primaire supérieure de Constantine,* sous-lieutenant au 1er Régiment de Tirailleurs Algériens.

Mort le 31 *mai* 1918 *devant Saint-Thierry.*

Chevalier de la Légion d'Honneur, Croix de guerre avec palme :

« Jeune officier d'une bravoure exemplaire, faisant l'admiration de ses hommes par son ardeur farouche au combat. Blessé grièvement, devant Saint-Thierry au cours d'une contre-attaque, mort des suites de ses blessures le 31 mai 1918. »

LAVERDET, Louis, *Instituteur à Orléansville,* sous-lieutenant au 1er Zouaves.

Tué le 7 *décembre* 1914, *au combat de Roclincourt.*

LEFEVRE, Emile, *Instituteur à Marengo,* lieutenant au 253e Régiment d'Infanterie.

Tué à Saint-Dié, le 15 *août* 1915, lors d'un bombardement.

LEHMANN, Jules, *Directeur de l'Ecole primaire supérieure de Maison-Carrée*. Sergent-fourrier au 1er Régiment de Marche d'Afrique.

Tué à Seddul Bahr (Dardanelles), le 12 juillet 1915.

Médaille militaire à titre posthume (23 juin 1921).

« Sous-officier remarquable par sa bravoure et son dévouement. A brillamment entraîné sa section à l'assaut d'une tranchée turque, le 12 juillet 1915, à Seddul-Bahr. Tué glorieusement au cours de l'action. (Croix de guerre avec étoile en argent). »

LEONI, Jean-François, *Maître-adjoint au Cours normal de Bouzaréa*, Chevalier de la Légion d'Honneur par arrêté du 22 août 1920.

« Toujours en tête de ses hommes pendant l'assaut du 16 juin ; les a entraînés sur la position conquise. S'y est maintenu malgré de violentes attaques. A donné l'exemple d'un courage à toute épreuve lorsque, grièvement blessé, il a continué à exciter ses hommes. Est mort de ses blessures. » (Citation à l'Ordre de l'Armée).

LE PETIT, Charles, *Instituteur délégué à l'Ecole primaire supérieure de Mostaganem*, engagé volontaire, caporal R. A. T. au 2e Tirailleurs Algériens.

Tué à Crouy (Aisne), le 17 septembre 1914.

LESTRADE CARBONNEL, *Elève-maître* (promotion 1911-1914) *de l'Ecole normale de Bouzaréa*, aspirant au 40e d'Infanterie.

Tué le 4 mars 1916.

LILLO, Jean, *Instituteur à Aïn-Témouchent*, soldat au 83e d'Infanterie.

Disparu à Gehonville (Belgique), le 22 août 1914.

LOUNIS, MOHAMMED, *Elève-maître* (promotion 1915-1918), aspirant au 10ᵉ Régiment de Tirailleurs.

« Lounis, Mohammed, 10ᵉ Tirailleurs, 5ᵉ compagnie, a fait preuve dès son arrivée au front, des plus belles qualités militaires, surtout aux attaques d'octobre 1918, abordant la tranchée ennemie avec la plus grande énergie. » (Citation à l'Ordre de la Division).

LOZE, MAURICE, *Instituteur à Nemours*, sergent réserviste au 283ᵉ d'Infanterie.

Disparu à Eton, près Etain (Meuse), le 24 août 1914.

MAIZA, HAFSI BEN ABDERRAHMAN, *Elève-maître* (promotion 1913-1916), sergent. Croix de guerre avec palmes et citations.

Blessé le 28 septembre 1914, disparu le même jour.

MALAVIEILLE, *Elève-maître* (promotion 1910-1913).

Lieutenant au 23ᵉ Bataillon de Chasseurs alpins.

Tué le 15 juillet 1915, à l'assaut de Metzeral.

« A l'attaque du 15 juin, a fait preuve d'un courage et d'une énergie au-dessus de tout éloge. Est tombé glorieusement à la tête de sa section, à quelques mètres de la tranchée ennemie. » (Ordre de la VIIᵉ Armée, 1ᵉʳ juillet 1915).

MARCOUX, LOUIS, *Elève-maître* (promotion 1914-1917).

Caporal au 1ᵉʳ Régiment de Tirailleurs.

Mort intoxiqué par les gaz le 29 août 1918, à Sézanne (Marne).

MARQUIE, PIERRE, *Instituteur à Bou-Saâda*, soldat au 46ᵉ Régiment d'Infanterie.

Disparu le 28 février 1915, à V... (Meuse).

MASSEGUIN, *Instituteur à Guemar*, lieutenant au 81ᵉ d'Infanterie.

Tué le 14 août 1914, à Montcourt.

Nommé Chevalier de la Légion d'Honneur par arrêté ministériel du 5 mai 1919 (*Journal Officiel* du 10 mai), avec la citation suivante :

« Officier brave et énergique qui avait obtenu les résultats les plus remarquables dans le commandement de sa compagnie, notamment au cours de la préparation aux attaques du 20 août ; s'est porté résolument à l'assaut des retranchements allemands en un point particulièrement dangereux. A été tué en pénétrant dans la position. »

MAUDET, *Elève-maître* (promotion 1912-1915), aspirant, puis sous-lieutenant au 1er Mixte de Zouaves-Tirailleurs.

Tué le 16 avril 1917 au Chemin des Dames.

« Le 17 août 1916, enseveli par un obus de gros calibre et fortement contusionné, n'a pas voulu se laisser conduire au poste de secours. Est resté à son poste jusqu'à la fin du travail, donnant ainsi à ses hommes le plus bel exemple d'énergie. » (Ordre de la Division, 15 septembre 1916).

« Sous-lieutenant au 1er Mixte de Zouaves-Tirailleurs, a été mortellement blessé en entraînant sa section à travers un terrain battu par les mitrailleuses de l'ennemi. » (Ordre de la 153e Division, 2 mai 1917).

MEISSE, Victor, *Elève-maître* (promotion 1911-1914), *Instituteur à Oran (Eckmühl).*

Tué le 25 septembre 1915.

Décédé à Misserghin le 24 février 1918, des suites d'une maladie contractée au front.

MENETRIER, *Elève-maître* (promotion 1910-1913), sous-lieutenant au 3e Zouaves.

Tué le 25 septembre 1915.

« Quoique très jeune officier, avait su par son autorité exemplaire s'imposer à ses hommes et se faire aimer par eux comme par ses chefs. A très brillamment enlevé sa section à l'assaut des tranchées allemandes. A été tué au cours du combat. » (Ordre de l'Armée, 16 décembre 1915). Chevalier de la Légion d'Honneur.

MENU, *Elève-maître* (promotion 1915-1918), 4e Régiment de Zouaves.

Mort des suites de ses blessures le 9 septembre 1918.

« Agent de liaison d'un courage à toute épreuve. A donné un bel exemple d'abnégation en s'offrant le 3 septembre 1918 à porter un ordre urgent à travers une zone violemment battue par obus toxiques. Gravement intoxiqué au cours de sa mission, n'a consenti à se laisser évacuer qu'après l'accomplissement de son devoir. » (Ordre de l'Armée).

MESSERSCHMITT, *Elève-maître* (promotion 1913-1916), aspirant au 3e Tirailleurs.

Tué le 25 novembre 1917, à Verdun.

METGE, Albert, *Instituteur à Frenda*, soldat réserviste au 142e d'Infanterie.

Tué à Saint-Eloi (Belgique), le 27 décembre 1914.

MEYNIER, *Elève-maître* (promotion 1911-1914), soldat au 4e Zouaves.

Disparu le 2 mai 1915, aux Dardanelles.

MIGNUCCI, Fernand, *Elève-maître* (promotion 1912-1915), engagé volontaire, maréchal des logis au 5e Spahis, pilote aviateur (Escadrille V. B. 101), décoré de la Croix de guerre, de la Médaille militaire et de la Médaile coloniale (Maroc).

Mort, victime d'un accident d'aviation, à Sacy-le-Grand (Oise), le 27 septembre 1918.

« Au cours d'une embuscade tenue de nuit contre les bandits d'Arlal (département d'Oran), est accouru immédiatement aux coups de feu. Sa participation à la lutte fut volontaire. A bout portant, il déchargea les trois balles de sa carabine sur l'un des bandits. Grièvement blessé au sein droit par une balle Colt. » (Ordre de la Division, 12 mai 1916).

MONAIRON, *Instituteur à Batna,* aspirant au 7ᵉ Tirailleurs.

« Blessé le 10 mai en se portant à l'attaque des tranchées ennemies ; a assuré le commandement de sa section puis de la compagnie d'une façon splendide jusqu'au 10 au soir, donnant ainsi l'exemple d'une belle ardeur et d'une grande énergie. » (Ordre de l'Armée, 22 juin 1915).

Tué le 25 septembre 1915, en Champagne.

MONTFERRAND, CLAIR, *Instituteur à Tiaret,* sous-lieutenant au 8ᵉ Tirailleurs Algériens, décoré de la Croix de guerre.

Tué à la Malmaison (Aisne), le 23 octobre 1917.

1ʳᵉ Citation : « Jeune sous-officier, plein d'énergie et de courage ; a pris, le 25 octobre 1916, le commandement de sa section dont le chef venait d'être blessé. A su la maintenir prête à toutes éventualités en inspirant à chacun la confiance qu'il avait lui-même, malgré un bombardement d'une violence inouïe. » (Ordre n° 53 de la Brigade, novembre 1916).

2ᵉ Citation : « A, au cours des opérations du 15 au 20 décembre 1916, montré le plus bel exemple d'énergie et de courage ; au moment où les officiers français tombaient frappés, a rassemblé et fait progresser la compagnie malgré le tir de barrage extrêmement violent. » (Ordre n° 53 de la Brigade, 31 décembre 1916).

3ᵉ Citation : « Officier énergique et plein d'allant. A, pendant la période du 5 au 16 septembre 1917, fait preuve de belles qualités militaires au cours de l'organisation d'un secteur soumis à des bombardements très violents. » (Ordre n° 130 de la Division, 28 septembre 1917).

4e Citation : « Jeune et brave officier, au moral élevé, d'un courage calme et réfléchi. Le 23 octobre 1917, est tombé glorieusement frappé d'une balle en pleine tête au moment où il atteignait les tranchées allemandes. » (Ordre n° 316 du Corps d'Armée, 13 novembre 1917).

MUSELLI, JULES, *Elève-maître de la Section spéciale de Bouzaréa* (promotion 1913-1914).

Tué aux Dardanelles, le 19 juillet 1915.

NAHON, JACQUES, *Instituteur à Perrégaux*, caporal au 53e d'Infanterie, décoré de la Croix de guerre.

Tué à Ypres (Belgique), le 7 décembre 1914.

« Caporal très courageux et plein d'entrain, mortellement blessé le 7 décembre 1914, à Ypres, en s'élançant à l'assaut des tranchées allemandes. » (Ordre n° 151 du Régiment, 27 février 1917).

NAUDY, EMILE, *Instituteur à Saïda*, caporal-fourrier réserviste au 259e d'Infanterie, prisonnier de guerre.

Décédé à Nancy, le 5 décembre 1918, des suites d'une maladie imputable à sa captivité.

NEUVILLE, PIERRE-MAURICE, *Instituteur adjoint à l'Ecole annexe*, aspirant au 66e d'Infanterie.

Tué à l'ennemi, à Pilken (Belgique), le 26 avril 1915.

NORMAND, VICTOR, *Instituteur à Perrégaux*, adjudant réserviste au 6e de Marche de Tirailleurs Algériens, décoré de la Croix de guerre.

Tué à Villemontoire (Aisne), le 21 juillet 1918.

1re Citation : « Le 5 octobre 1914, a brillamment enlevé sa section à l'assaut d'une forte position ennemie et est tombé grièvement blessé, à la tête de ses hommes. » (Ordre n° 84 de la Brigade, 11 octobre 1915).

2e Citation (adjudant au 6e de Marche de Tirailleurs Algériens) : « Sous-officier calme, qui, au cours des combats du 27 au 30 mai 1918, a parfaitement rempli ses fonctions de chef de liaison du bataillon. A un moment difficile, a pris le commandement des tirailleurs de la liaison pour en former un groupe de combat qui a aidé à repousser l'ennemi. » (Ordre de la Division, 1918).

OLLIVIER, François, *Instituteur à Alger.* Soldat au 73e Régiment d'Infanterie territoriale.

Disparu le 10 novembre 1914, à Langemarck.

OTTAVI, Jean-Baptiste, *Instituteur à Baudens*, soldat au 173e d'Infanterie, décoré de la Croix de guerre.

Tué à Verdun, côte 304, le 1er juillet 1916.

« Agent de liaison, a depuis le début de la campagne, donné de nombreux exemples de bravoure, de sang-froid et de dévouement. A exécuté pendant la période du 22 au 27 mai 1916, les missions les plus périlleuses en transmettant des ordres sous les fusillades les plus nourries et les bombardements les plus intenses. S'est toujours dépensé sans compter, avec bonne humeur et crânerie. » (Ordre du Régiment, 6 juin 1916).

PALOMA, *Elève-maître* (promotion 1916-1919), 7e Régiment de Tirailleurs.

Tué le 8 octobre 1918, à Berry-au-Bac (Aisne).

PELEGRIN, Emile, *Elève-maître de 4e année* 1914-1915, aspirant.

« Chef de section d'un entrain superbe. Le 17 avril 1917 dans un élan magnifique, a entraîné sa section à la poursuite de l'ennemi. A été blessé mortellement au cours d'un furieux corps à corps avec un groupe d'Allemands. » (Ordre de la Division, le 21 juin 1917).

PELLIER, Germain, *Elève-maître* (promotion 1914-1917), caporal au 9e Tirailleurs Algériens.

Tué à Longpont (Aisne), le 18 juillet 1918.

« Est l'objet de citations et de décorations posthumes. »

PELLISSIER, *Elève-maître* (promotion 1914-1917), soldat au 3e Tirailleurs.

Décédé des suites de ses blessures, le 22 juin 1916, à Vichy (Blessé au Bois d'Avocourt).

« Le 21 avril, désigné comme guetteur d'une section de mitrailleuses dans la tranchée de première ligne, est resté à son poste malgré un bombardement des plus violents et a été très grièvement blessé. » (Ordre de la 74e Brigade, 16 avril 1916).

PEPIN, *Instituteur à Azéba,* caporal au 297e d'Infanterie.

Tué le 6 octobre 1915, en Champagne.

PERETTI, *Instituteur à Philippeville,* adjudant au 3e Zouaves.

Mort des suites de ses blessures, le 9 septembre 1914, à l'Hôpital Vuillemin, à Paris (Blessé à Montmirail).

PERMASSE, Léon, *Instituteur à Oran,* sergent réserviste au 2e Zouaves, décoré de la Croix de guerre.

Tué dans la région d'Ypres, le 17 mai 1915.

« S'était tout particulièrement distingué le 16 mai 1915, lors de la prise d'assaut des tranchées allemandes par sa compagnie. Est tombé mortellement frappé le lendemain alors qu'il organisait la défense de la position prise la veille. » (Ordre de la Division, 1915).

PHILIP, Paul, *Instituteur à Guiard,* sergent réserviste au 2e de Marche de Zouaves.

Tué près d'Ecurie (Pas-de-Calais), le 27 novembre 1914.

PILHES, *Instituteur à Aguemoune*, sergent au 20ᵉ d'Infanterie.

Disparu le 23 juin 1918, à la Poterie (Aisne).

PINAUD, *Elève-maître* (promotion 1911-1914), aspirant au 4ᵉ Zouaves.

Tué le 29 avril 1915, aux Eparges (Meuse).

PINELLI, *Elève-maître* (promotion 1910-1913), aspirant au 3ᵉ Tirailleurs.

Tué le 15 juin 1915, à Quennevières.

PLANQUE, JACQUES, *Maître-surveillant à l'Ecole primaire supérieure de Sidi-bel-Abbès*, soldat au 40ᵉ d'Infanterie.

Tué à Ville-sur-Tourbe (Marne), le 6 juillet 1915.

PONS, *Instituteur à Bou-Haroun (Alger)*, du 1ᵉʳ Zouaves.

Décédé le 4 mars 1915.

PORTE, JEAN, *Instituteur à Téfeschoun*, caporal au 2ᵉ Régiment de Marche de Zouaves.

Tué le 22 mars 1915.

POUPARD, EMILE, *Instituteur à Géryville*, sergent réserviste mobilisé sur sa demande au 2ᵉ Zouaves, décoré de la Croix de guerre.

Tué entre Quennevières et Bascule (Oise), le 6 juin 1915.

« Excellent sous-officier, tué en s'élançant à l'assaut des tranchées ennemies. » (Ordre nº 98 du Corps d'Armée, 14 juin 1915).

POUSTHOMIS, PIERRE, *Instituteur à Bossuet*, sous-lieutenant au 2ᵉ Tirailleurs Algériens, décoré de la Croix de guerre et de la Médaille coloniale (Maroc), blessé à Ouyjam (Maroc Occidental), le 24 mars 1917, blessé de nouveau à Vierzy (front français), le 20 juillet 1918.

Décédé à Saint-Cloud, le 28 mai 1919, des suites de ses blessures et d'une maladie contractée aux armées.

1re Citation : « Sous-officier, dont l'allant, le courage et l'abnégation ont été hors de pair au cours de l'assaut d'Ouyjam, le 24 mars 1917, a su avec son calme assurer l'exécution d'une mission délicate avec le minimum de pertes. Blessé lui-même pendant l'action ne s'est retiré qu'après s'être assuré que ses tirailleurs hors de combat étaient évacués. » (Ordre n° 23 de la Division de Marrakech, 20 juin 1917).

2e Citation (sous-lieutenant au 6e de Marche de Tirailleurs Algériens) : « Jeune officier plein d'audace et d'allant. Blessé avant un assaut, a refusé de se laisser évacuer. A participé à l'attaque, s'y conduisant avec le plus grand sang-froid. Ne s'est laissé évacuer que le combat une fois terminé. » (Ordre n° 366 de la Division, 1er août 1918).

PRA, *Elève-maître* (promotion 1912-1915), soldat au 1er Régiment de Marche d'Afrique.

Décédé des suites de ses blessures, le 29 septembre 1916, à Salonique (Blessé à Florina).

PRAT, Séraphin, *Instituteur à Tiaret*, adjudant réserviste au 249e d'Infanterie.

Tué à Moussy (Aisne), le 18 mai 1915.

PUJOL, Marcel, *Instituteur auxiliaire du département d'Oran (intérimaire à Oran-Lamur)*, soldat au 2e de Marche de Tirailleurs Algériens.

Disparu à Fleury (Verdun), le 15 juillet 1916.

QUILICHINI, *Instituteur à Jemmapes*, sergent au 3e *bis* de Zouaves.

« A secondé avec intelligence, courage et sang-froid son chef de section. A fait preuve des plus belles qualités mili-

taires quand, sous un feu violent de mitrailleuses, la section a fait son dernier bond en avant. » (Ordre de la Brigade, 15 mai 1915).

Sous-lieutenant au 3e Zouaves :

« Officier plein d'allant, aimé et estimé de ses hommes. Est tombé glorieusement le 28 septembre 1918 à la tête de sa section en repoussant une forte attaque ennemie. » (Ordre de la 45e Division, 8 novembre 1918).

RAMBAUD, Augustin, *Instituteur à Trumelet*, caporal réserviste au 2e Zouaves, blessé à Carlepont le 16 septembre 1914.

Décédé à l'Hôpital militaire d'Arzew, le 14 février 1919, des suites de ses blessures et d'une maladie imputable au service.

RAMOIN, Paul-Joseph, *Surveillant à l'Ecole primaire supérieure de Miliana*, caporal au 3e Régiment de Tirailleurs Algériens.

Tué le 12 novembre 1916, à Douaumont.

Croix de guerre avec étoile de bronze, médaille militaire, à titre posthume.

RANCIER, Michel, *Instituteur à Prévost-Paradol*, caporal au 71e d'Infanterie.

Disparu à Nauroy (Marne), le 30 avril 1917.

RAOUX, Léopold, *Elève-maître* (promotion 1914-1917), engagé volontaire, brigadier au 16e Groupe d'Artillerie spéciale, décoré de la Croix de guerre.

Tué à Saint-Pierre l'Aigle (Aisne), le 18 juillet 1918.

« Jeune sous-chef de char d'assaut, venant d'arriver à l'unité. A fait preuve de la plus grande confiance envers son chef de char et son équipage qu'il ne connaissait pas. A été tué en atteignant l'objectif. » (Ordre n° 146 de l'Artillerie d'Assaut). (Ordre de la Division, 3 octobre 1918).

REINHARD, *Instituteur à Bugeaud*, sous-lieutenant au 167e d'Infanterie.

Disparu le 12 *juillet* 1916, dans le ravin de Souville.

ROBARDET, Marcel, *Instituteur à Relizane*, sergent au 60e d'Infanterie ; blessé et tombé au pouvoir de l'ennemi à Soissons, le 12 janvier 1915.

Décédé à Soissons (*Aisne*), antérieurement au 10 mars 1915, des suites de ses blessures.

ROBIN, Albert, *Instituteur à Lourmel*, soldat au 90e d'Infanterie. Blessé à La Fère Champenoise (Marne), le 8 septembre 1914.

Décédé à Cahors, le 5 *octobre* 1914, des suites de ses blessures.

ROBIN, François, *Professeur à l'Ecole primaire supérieure d'Alger*, sapeur télégraphiste du Génie.

Tué en posant ses fils, le 18 *août* 1914.

ROGER, Louis, *Elève-maître* (promotion 1911-1914), aspirant au 81e d'Infanterie.

« Roger, Louis-Jean, aspirant au 81e, tué à l'ennemi, le 5 mars, à la tête de sa section en essayant de déboucher avec elle dans une tranchée allemande. » (Ordre de la Division).

ROMAIN, Marc, *Instituteur à Rébeval*, caporal au 86e Régiment d'Infanterie.

Disparu dans la nuit du 30 *au* 31 *août* 1914 *au combat de Gerbéviller* (*Meurthe-et-Moselle*).

RONGIER, *Elève-maître* (promotion 1912-1915), aspirant au 9e Zouaves.

Décédé des suites de ses blessures, le 27 *juillet* 1916, *à Lisieux* (Blessé à Biaches).

ROQUEFEUIL, *Elève-maître* (promotion 1911-1914), sergent au 8e Zouaves.

« Le 6 octobre, occupant avec sa demi-section une tranchée qu'il fallait conserver coûte que coûte, et bien que grièvement blessé, a su maintenir, par son attitude, ses hommes à leur poste, malgré les feux violents d'artillerie, de mitrailleuses et d'infanterie auxquels il était en butte. » (Ordre du Régiment).

ROURE, Fernand, *Ancien Elève-maître* de 4e année (promotion 1912-1913), aspirant au 8e Régiment de Tirailleurs.

« L'aspirant Roure, Fernand, s'est brillamment lancé à la tête de sa section à l'assaut des tranchées allemandes sous un feu très violent et à travers des nuages de gaz asphyxiants ; a été tué à cent mètres des tranchées allemandes. » (Citation à l'Ordre de l'Armée).

ROQUET, *Ancien élève de 4e année* (promotion 1912-1913) ; boursier à la Faculté en 1914.

Mort au champ d'honneur.

ROUX, Auguste, *Instituteur à Arzew*, soldat réserviste au 1er de Marche de Tirailleurs Algériens.

Tué à Bouchavesnes (Somme), le 12 septembre 1916.

RUDONDY, Hippolyte, *Instituteur à Bérard (Alger)*, sous-lieutenant au 292e Régiment d'Infanterie.

Tué le 17 septembre 1914, à Fontenay.

Ordre de la Division : « Officier de la plus haute énergie. A été blessé mortellement le 13 septembre 1914 en entraînant sa compagnie à l'attaque des positions allemandes. »

Chevalier de la Légion d'Honneur : « Vaillant officier, brave et dévoué. Mort glorieusement pour la France, le 17 septembre 1914. » Croix de guerre avec palme.

SALLES, *Elève-maître* (promotion 1911-1914), sous-lieutenant au 2ᵉ Mixte de Zouaves-Tirailleurs.

Décédé dès suites de ses blessures le 31 *juillet* 1916, à l'ambulance d'Etinchem (Blessé dans la Somme).

« A su, par son énergie, maintenir l'ordre dans sa section sous un bombardement intense pendant les journées des 25, 26, 27 et 28 mai 1915. » (Ordre de la 9ᵉ Brigade, 1ᵉʳ juin 1915).

SANTORI, Mathieu, *Instituteur à Aït-Saâda* (commune mixte du Djurdjura), du 312ᵉ Régiment d'Infanterie.

Mort le 7 *septembre* 1914, *des suites de ses blessures reçues à Sérancourt (Meuse).*

SARFATI, *Instituteur délégué à l'Ecole primaire supérieure de Sétif*, caporal au 2ᵉ Zouaves.

Disparu en septembre 1914.

SAVOIE, Jacques, *Instituteur à Zemmorah*, caporal au 38ᵉ d'Infanterie.

Tué près de Sarrebourg (Lorraine), le 21 *août* 1914.

SAVORNIN, Marius, *Instituteur à Aïn-Taya,* caporal au 4ᵉ Zouaves.

Blessé aux combats du 25 *septembre* 1914. *Disparu.*

SCHLEPP, Clément, *Instituteur à Bou-Sfer*, sergent réserviste au 12ᵉ d'Infanterie.

Tué à Ouaches (Aisne), le 15 *octobre* 1914.

SECRETANT, Clovis, *Instituteur au Caroubier (Hussein-Dey).*

Sergent, puis adjudant au 44ᵉ Régiment d'Infanterie.

« Tous les officiers de sa compagnie étant tombés, a pris le commandement et s'est maintenu sur le terrain conquis le 26 septembre en faisant face à de violentes contre-attaques. » (Ordre général n° 84).

Tué sous Verdun, le 26 février 1916.

SEMINO-GIANOLI, Camille, *Instituteur à Arlal*, aspirant au 81e d'Infanterie, décoré de la Croix de guerre.

Tué à Beauséjour (Marne), le 15 mars 1915.

« Attitude très énergique au cours des attaques du 5 mars devant Beauséjour. Tué en mars 1915 d'une balle au front en entraînant ses hommes à l'assaut d'une position ennemie. Excellent gradé plein de courage et de sang-froid. » (Ordre du Corps d'Armée, 9 juillet 1915).

SERRERO, Jacques, *Instituteur auxiliaire du département d'Oran (intérimaire à Palissy)*, soldat au 319e d'Infanterie, blessé au secteur 217 le 31 juillet 1918.

Décédé à Belfort, le 1er août 1918 des suites de ses blessures.

SEYLER, Pierre, *Instituteur auxiliaire (intérimaire à Berthelot)*, soldat au 3e Zouaves, blessé aux Dardanelles.

Décédé à Seddul-Bahr (presqu'île de Gallipoli), le 22 *juin* 1915.

SIBILLE, Albert, *Elève-maître* (promotion 1911-1912), *à la Section spéciale de Bouzaréa.*

Mort au champ d'honneur à l'offensive de Champagne, le 28 septembre 1915.

SIGWALT, Jacques, *Instituteur à Alger*, sapeur au 19e Bataillon du Génie.

Mort des suites de ses blessures à Chauny (Aisne), le 28 septembre 1914.

SUSINI, *Instituteur à Jemmapes*, sergent au 3e Zouaves.

Tué le 8 décembre 1914 *à Roclincourt (Pas-de-Calais)*.

TAURINES, *Instituteur à Grarem*, soldat au 3e Zouaves à Salonique.

Décédé le 10 *janvier* 1916 *à l'hôpital St-Mandrier à Toulon des suites de la typhoïde contractée en Orient.*

TAVERA, Charles, *Elève-maître* (promotion 1913-1916), sergent au 100e d'Infanterie, décoré de la Croix de guerre.

Tué à la Neuvillette (Marne), le 2 *août* 1918.

« Jeune soldat, très courageux. A donné des preuves d'énergie et de sang-froid au cours d'une attaque allemande, sous un violent bombardement. » (Ordre du Régiment, 2 juillet 1917).

« Sous-officier d'une énergie et d'une bravoure exceptionnelles. A trouvé une mort glorieuse au cours de l'attaque d'un village puissamment défendu. A fait l'admiration de tous par son audace et sa ténacité. » (Citation à l'Ordre de la Brigade).

TOURON, Célestin, *Instituteur à Sebdou*, sergent réserviste au 2e Zouaves, prisonnier de guerre.

Décédé à Soldau (Allemagne), le 1er *avril* 1917.

TISSIER, Elysée, *Elève-maître* (promotion 1912-1915), Caporal-fourrier.

Tué le 12 *décembre* 1916.

TOURNIER, Elysée, *Instituteur à Borély-la-Sapie*, sergent au 7e Zouaves de Marche.

TUBIANA, Clément, *Elève-maître* (promotion 1912-1915). Engagé volontaire au 2e Génie.

Tué à Arras, le 8 *juin* 1916.

VAST, Henry, *Instituteur à Tirman*, sous-lieutenant, active, au 8ᵉ Zouaves.

Tué à Barleux (Somme), le 9 *juillet* 1916.

VAST, Gustave-Adolphe, *Instituteur à Ouled-Sabor*, lieutenant au 4ᵉ Zouaves.

« Au cours des journées des 8 et 12 février, aux retranchements de Nieuport, nouvellement venu sur le front, a fait preuve de calme et de sang-froid et a été un auxiliaire très utile pour son capitaine dans le commandement de la troupe sous le feu. » (Ordre du Régiment, 16 février 1915).

« Le 24 mars 1915, en avant de Nieuport, la présence d'un groupe ennemi ayant été signalée dans des maisons en ruines en avant de nos retranchements, a pris l'initiative de diriger sur ce point une reconnaissance au cours de laquelle il a fait preuve d'une grande audace. Contusionné la veille par une torpille, n'avait eu d'autre souci que de maintenir le calme dans son unité et de secourir les autres blessés. A été précédemment cité à l'Ordre du Régiment pour sa belle conduite au feu. » (Ordre de la Brigade, 8 avril 1915).

Tué le 5 *juin* 1916 *à la côte* 304 *devant Verdun.*

VAUTHIER, Gustave, *Instituteur à Mostaganem*, sergent réserviste au 370ᵉ d'Infanterie.

Disparu à Doncières (Vosges), le 11 *septembre* 1914.

VEJUX, *Elève-maître* (promotion 1911-1914), aspirant au 1ᵉʳ Régiment mixte de Zouaves-Tirailleurs.

« Tous les officiers de sa compagnie étant tués ou blessés, a pris le commandement de la compagnie et l'a entraînée brillamment à l'assaut. » (Ordre du Régiment, 21 mars 1916).

Tué en juillet 1918.

VERCUEIL, AIMÉ, *Instituteur à Tlemcen*, soldat territorial au 201e d'Infanterie.

Tué à Maurepas (Somme), le 24 août 1916.

VIGUIÉ, RENÉ, *Instituteur à Djemaâ Saharidj*, lieutenant au 7e Régiment de Zouaves.

« A été blessé en entraînant ses hommes à la contre-attaque. Officier donnant constamment l'exemple du sang-froid et du courage, est revenu au feu le surlendemain. » (Ordre de l'Armée).

« Le 16 mai 1915 a brillamment entraîné sa compagnie à l'attaque d'une position fortifiée et garnie de mitrailleuses. S'est maintenu sur la position conquise qu'il a agrandie et organisée. Depuis le début de la campagne, n'a cessé de donner des preuves de sang-froid et de la plus grande bravoure. A été blessé ultérieurement. » (Ordre du Corps d'Armée).

« Au combat du 16 mai 1915, a brillamment mené sa compagnie, enlevant à la baïonnette une tranchée allemande, prenant une mitrailleuse et faisant des prisonniers. A, depuis, trouvé une mort glorieuse à son poste en première ligne. » (Ordre de la Division).

Chevalier de la Légion d'Honneur.

L'avis de décès officiel porte que M. Viguié a été tué à Stenstraate, le 7 juin 1915. A 9 heures du matin, il est à son poste, en 1re ligne, au créneau. Une balle l'atteint en plein front et la mort est instantanée. Il est inhumé au cimetière d'Elverdinghe (Belgique).

VIRÉ, CAMILLE-ARMAND-EMILE, *nommé professeur à l'Ecole Normale de Bouzaréa le 20 août 1914*. Sous-lieutenant au 1er Zouaves, blessé deux fois.

Tué à l'ennemi en janvier 1915, *Chevalier de la Légion d'Honneur*. (O. du 31 janvier 1915).

VUILLEQUEZ, *Elève-maître* (promotion 1911-1914), caporal au 3e Zouaves.

« Blessé grièvement au cours d'une charge à la baïonnette, est mort héroïquement en criant : « Au revoir, les amis, Vive la France, Vive l'Algérie ! » (Ordre de l'Armée, 2 décembre 1914).

Tué le 8 décembre 1914 *à Roclincourt (Pas-de-Calais).*

WIDENLOCHER, *Directeur d'Ecole à M'sila*, sous-lieutenant au 1er mixte de Zouaves-Tirailleurs.

« Pendant un intense bombardement, a conservé son plus grand calme donnant ainsi à ses hommes un admirable exemple de sang-froid. » (Ordre du Régiment, 26 mars 1916).

Décédé des suites de ses blessures le 9 novembre 1916 à Paris.

Chevalier de la Légion d'Honneur.

ZOUAIMIA ALI, *Elève-maître* (promotion 1911-1914), *Instituteur à Ouled Djellal*, soldat au 7e Tirailleurs.

Tué le 15 *décembre* 1916 *à Douaumont.*

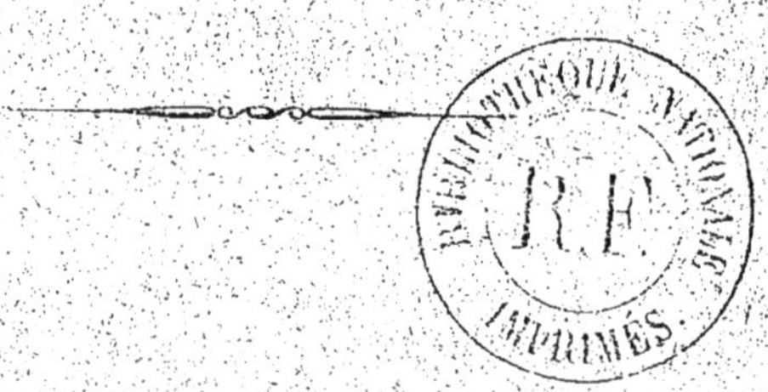

TABLE

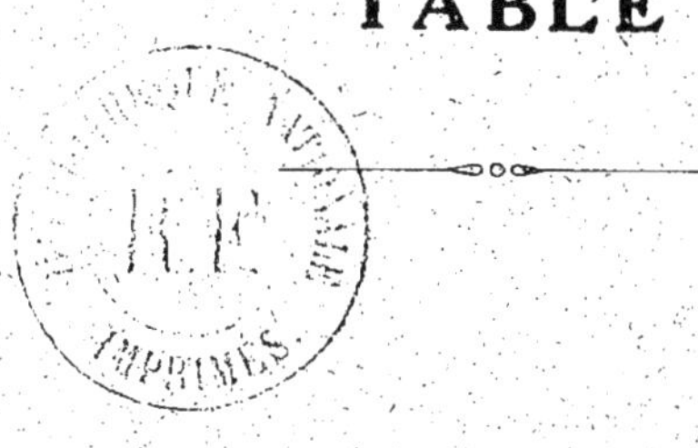

ALGER — TYPOGRAPHIE JULES CARBONEL — ALGER

www.ingramcontent.com/pod-product-compliance
Ingram Content Group UK Ltd.
Pitfield, Milton Keynes, MK11 3LW, UK
UKHW021547260726
13993UKWH00002B/675